스타트업 가이드 7

스타트업 가이드 7

전화성 지음

이콘

1. AI에서 스타트업 먹거리를 찾다

GUIDE 7

2. 글로벌 시장도 공부하면 갈 수 있다

3. O2O, 아직도 길은 많다

4. 끊임없는 혁신을 만드는 테크시리즈

5. 진화하는 전자상거래에서 기회를 잡아라

6. 딥테크에서 길을 찾다

7. 푸드테크, 먹어도 먹어도 끝이 없다

부록 한국 스타트업이 갈 길과 경쟁우위

1

AI에서 스타트업
먹거리를 찾다

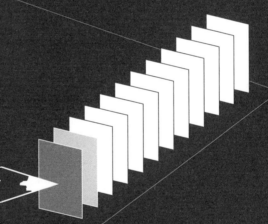

START-UP GUIDE 7

패션에 AI를 입히면
창업기회가 보인다

　　　　　　　　　　　　'클로버추얼패션(이하 클로)'은
3D 피팅을 기반으로 한 가상현실Virtual Reality, VR 패션 디자인 소프트
웨어를 세계 시장에 수출하는 회사다. 클로의 오승우 대표는 카이
스트에서 나와 함께 인공지능Artificial Intelligence, AI 실험실에서 공부를
했다. 신기한 것은 우리 둘 다 인공지능을 전공했지만 나는 AI를 외
식에 접목했고 그는 패션에 접목해 소프트웨어 시장을 만들어 내
었다. 공부할 때만 하더라도 상상하기 힘든 일이었지만 AI는 어떤
오프라인 분야와 접목하더라도 장기간 몰입하면 새로운 시장을 창
조할 수 있다. 'O2O Online to Offline'라는 몇 년 전에 생겨난 신규시장에

서 AI를 입히지 않으면 이제 투자도 잘 안 되는 상황이다.

슈렉이나 쿵푸팬더 같은 유명 캐릭터의 의상은 단벌이다. 배트맨이나 슈퍼맨도 몸에 딱 붙는 옷을 입고 망토만 휘날린다. 그동안 정교한 가상 의상 제작 기술이 존재하지 않았기 때문이다. 하지만 클로의 기술이 집약된 소프트웨어로 애니메이션 〈겨울왕국〉의 엘사 드레스가 탄생했다. 현재 클로는 드림웍스, 디즈니, 블리자드 등 해외 유명 애니메이션, 게임 기업들의 주요 파트너다. 컴퓨터그래픽 Computer Graphics, CG 회사뿐만 아니라 실제 의상을 제작하는 패션 회사들도 클로의 기술을 사용한다. 나이키, 아디다스, 루이비통이 대표적이다.

패션은 소프트웨어와의 접목을 넘어서 사물인터넷Internet of Things, IoT 기술과의 결합도 활발하다. 구글이 패션기업과 협력해 만든 스마트 재킷에는 '자카드'라는 첨단기술이 접목되어있다. 자카드 기술은 옷의 소매부분에 동작을 인식하는 자카드 태그 센서를 집어넣어, 소매를 터치해 듣고 있는 노래를 바꾸거나 통화를 하거나 내비게이션 길 안내도 받을 수 있게 한다. 앞으로 다른 패션 기업에도 기술을 오픈할 예정이라고 하니까 이제 우리 옷이 스마트 기기를 제어하는 터치패드가 될 것이다.

패션은 VR 기술과도 접목이 가능한데 티셔츠가 VR 컨트롤러로서의 역할이 가능하다. 곧 출시를 앞둔 전자옷 '이스킨'은 몸의 움직임을 파악하는 14개의 센서를 통해 움직임을 입출력할 수 있는 옷이다. 결론적으로 이 옷을 입는 것만으로 VR 기반의 격투, 댄스, 게임 등을 훨씬 실감나게 즐길 수 있다. 또 운동을 할 때의 몸 상태도 자동으로 파악해주고, 세탁도 가능하다고 하니, 다양한 일상생활에서 활용이 가능해 보인다.

인간의 기분과 상황에 따라 옷이 변하는 것도 가능하다. 인텔은 착용자의 감정에 따라 디자인이 변형되는 반응형 의상을 선보였는데 인체의 체온, 호흡, 스트레스 수치 등을 감지하는 큐리 모듈을 탑재해서 색깔과 디자인을 바꾸는 원리다. 해외의 한 스타트업에서는 스마트폰을 이용해 LED로 원하는 슬로건이나 이미지를 표시해주는 디지털 티셔츠를 선보이기도 했는데 SNS로 실시간 소통을 하듯, 티셔츠로도 즉각적인 소통이 이뤄지는 것도 가능할 전망이다.

패션의 변화의 흐름에는 AI, VR, 증강현실Augmented Reality, AR, 기술이 주도한다. 원천기술에 대한 접근은 어렵더라도 트렌드를 예측하고 응용해 새로운 시장을 정의하는 클로처럼, 세계적인 한국의 스타트업이 또 등장하길 기대해 본다.

헬스케어 IoT와
AI의 결합

스마트워치 핏빗이 헬스케어와 IoT 결합의 시작이었다면 샤오미의 미밴드는 사람들이 IoT 기반의 헬스케어를 즐길 수 있도록 보편화해주는 하나의 모멘텀이었다. 미밴드는 우리나라에서도 꽤나 인기가 있었다. 하지만 여기까지는 헬스케어 정보의 대시보드화 수준이었다. 지금은 여러 센서를 통해 확보된 헬스케어 정보를 AI로 분석해 예방의학 기능까지로 발전하고 있고 이에 맞춰 의료영역에 다양한 형태의 스타트업 기업들이 등장하고 있다. 2017년 '카이스트 E5'에서 본 한 학생의 사업모델이 기억이 난다. AI 챗봇으로 정신과 치료하는 애플리케이션을 만들었고 그 기능은 매일 갈 수 없는 병원을 대신해 하루에 3번 주기적으로 환자와 상담을 하며 치료하는 개념이었다.

인공지능과 헬스케어의 강력한 결합을 위해서는 좀 더 정밀한 신체에 밀착된 센서를 통해 다양한 정보를 취합해야만 한다. 센서도 여러 형태로 등장하고 있고 문신, 렌즈 등 그 접근 방법도 매우 다양하다. 미국의 한 스타트업이 개발한 전자 문신은 판박이처럼 몸에 붙일 수 있는 형태다. 이 문신형 웨어러블 기기는 심장 박동이나 혈압, 발열 초기증상 등을 체크해서, 사용자의 건강상태를 실시간으로 파악한다. 검사결과를 병원으로 보내주는 데도 무리가 없고, 실제 문신이 아니기 때문에 손쉽게 지우는 것도 가능하다. 또한 눈에 착용하는 콘택트렌즈가 당뇨 측정기 역할을 겸하기도 한다. 구글은 혈액 대신 환자의 눈물에서 혈당치를 측정하는 스마트렌즈의 시제품을 공개한 적이 있다. 최근엔 국내 연구진이 이보다 더 진일보한 센서 소재를 개발했는데 눈에 끼기만 하면 녹내장과 당뇨를 진단할 수 있는 것이었다. 영화 〈미션 임파서블〉에 나오는 스마트

콘택트렌즈가 의료용으로 상용화 될 날도 멀지 않아 보인다.

진료 및 치료 방식도 AI 기반으로 바뀌고 있다. 외과 수술에서 구글 글래스가 실시간 혈압, 맥박 정보를 대시보드 형태로 보여주는 유튜브 영상은 누구나 한번쯤을 본 적이 있을 것이다. 여기에 인공지능이 가미되어 상황에 대한 실시간 피드백을 제안하는 인공지능의 개념도 비전기술의 발달과 함께 머지않아 상용화될 것이다.

VR을 활용한 가상진료와 인공지능 진단도 진료 상용화분야 중 하나이다. VR 시뮬레이션을 통해 수술 위험이 발생할 가능성을 줄이기도 하고 환자는 VR 이미지트레이닝을 통해 우울하고 불안한 마음을 가라앉히거나 실제 재활에 걸리는 시간을 단축하기도 한다. 이미 국내 병원에서도 도입중인 인공지능 의사 왓슨은 의사들을 도와 암 진단과 처방 치료에서 탁월한 역량을 보여주고 있다. 전 세계의 의료기록들을 보며 끊임없이 학습하고 있는 인공지능의 성능은 더 발전해 나갈 것이다.

AI, IoT, 클라우드 컴퓨팅 시스템을 통해 건강기록이 평생 측정되고. 의사와 소통하면서 질병을 미리 예방하는 시대가 올 것이다. 어쩌면 1년에 한번 치르던 건강검진은, 역사의 뒤안길로 사라질지도 모르겠다. 또 작은 나노로봇들은 청진기가 필요 없는 세상을 만들어줄 것이다. MIT가 개발한 삼키는 로봇은, 우리 몸 안에 박혀있는 이물질을 제거하거나 약물 투입에 활용할 수 있다. 2030년이면 사람의 몸속을 탐험하며, 스스로 병을 진단하고 치료할 수 있는 나노로봇이 현실화된다고 한다. 상상이 곧 현실이 되는 세상이다. 스타트업 창업을 꿈꾼다면 늘 상상해 보기를 권한다.

AI 통번역기반의
새로운 글로벌 시장을 찾아라

AI 통번역에 대한 기술은 2000년대 초에 많은 벤처기업이 도전했던 분야다. 하지만 당시에는 연산량의 한계 때문에 통계학적 모델인 HMM^{Hidden Markov model} 모델과 ANN^{Artificial Neural Network}을 활용했다. 이 두 알고리즘은 현재 AI에서 주로 쓰이는 딥러닝 알고리즘에 비해 성능이 많이 떨어진다. 딥러닝 알고리즘은 심층 신경망 알고리즘을 다른 표현으로 신경망 알고리즘은 수십 년 전에도 존재했었던 알고리즘이었다. 하지만 인간의 뇌에 있는 뉴런을 수학적으로 형상화해야 하는 알고리즘이었기 때문에 많은 연산량을 필요로 했다. 2000년대 초에는 실시간으로 딥러닝 알고리즘을 연산하는 것이 불가능했으므로 할 수 없이 HMM이나 신경망 알고리즘의 연산량을 인위적으로 줄인 인공 신경망을 사용한 것이다. 사실상 뇌의 기능을 일부 제한하는 것과 비슷한 원리였으므로 성능이 좋았을 리 없다.

물론 '무어의 법칙'을 따라 하드웨어의 성능도 발전했지만 그것만으로는 AI의 연산량을 처리하는 것은 역부족이었다. 결국 이를 가능하게 한 것은 소프트웨어의 힘이었는데, 연산량의 문제를 혁신적으로 극복한 하나의 모멘텀은 바로 크라우드 컴퓨팅이다. 이 기술의 힘을 빌어 비로소 AI는 실시간으로 그 성능을 제대로 발휘하게 된다. 통번역 분야는 대표적인 AI의 적용분야다. 번역 분야에서는 최근 들어 번역 결과를 기반으로 한 학습의 개념이 추가되면서 딥러닝의 역할이 커졌고, 통역 분야에서는 번역의 입출력 부분에 음성인식과 음성합성을 붙이는 개념으로, 이 두 기술 모두 딥러닝이 적용된 대표적인 분야다.

이런 배경을 기반으로 실시간 통역기도 점점 발전하고 있다. 구글은 최근 40개 언어를 동시 통역해주는 무선 이어폰을 발표했는데 시연에서 스웨덴어를 사용하는 여성에게 영어로 말을 걸자, 이어폰이 중간에서 통역을 해줘 어려움 없이 소통이 가능했다. 구글뿐만이 아니다. 독일의 기업이 출시한 제품은 스마트폰 애플리케이션과 연동해서, 실시간으로 대화 내용을 40가지 언어로 통역해주고 사용자가 대화를 시작하면 스스로 음량을 조절하기도 한다. 다른 일본의 기업은 2017년 목에 거는 웨어러블 통역기를 공개하기도 했다. 동작 버튼을 누른 상태에서 말을 한 뒤 버튼을 떼면 대화 상대방의 언어로 말을 통역해준다.

사실 번역기술은 딥러닝을 통해 더 일상생활에 깊이 다가와 있다. 구글은 전 세계 사용자 5억 명으로부터 다양한 데이터를 수집해 오류발생률을 최대 85%까지 줄이고, 각국의 언어와 정서를 파악하는 작업까지 진행 중이다. 국내 기업 네이버도, 파파고 번역 애플리케이션에 딥러닝 기술을 도입해 한중 번역서비스의 품질을

160%까지 개선했는데 특히 2018년 평창올림픽에서는 국내 기업 한컴의 AI 통번역 로봇이 활약 중이다. 8개 국어가 가능한 이 로봇 통역사가 선수들의 언어장벽을 허무는데 큰 역할을 했으리라 믿는다.

내 첫 창업 회사이자 음성 인식 서비스 전문 벤처인 'SL2'는 AI 언어 식별 음성 인식 기술을 활용한 무료통역서비스인 'BBB 시스템'을 개발한 바 있다. 2002년 한일 월드컵 때 약 2억 원을 매출을 올린 기억이 난다. BBB는 당시 외국인과의 통화를 언어별로 식별해 해당 언어의 자원봉사자에게 연결해주는 서비스였고 우리나라의 AI 기술 접목사례로서 세계에서 인정받은 것이 기억이 난다. 평창 올림픽의 통번역 로봇은 16년이 지난 후에 또 다른 AI 통번역 시장을 보여준 좋은 사례라고 생각된다. 언어의 장벽을 해소하는 이 기술은 스타트업에게 또 다른 새로운 먹거리를 제공해 줄 것이다.

가정용 로봇은
기술창업의 플랫폼이 될 수 있다

향후 AI 중심의 시대에는 가정용 로봇이 플랫폼이 되는 세상이 올 것이다. 가정용 로봇 회사는 오픈 API Application Programming Interface를 공개해 서드파티 개발 회사들에게 로봇에 들어갈 수 있는 다양한 소프트웨어와 콘텐츠를 경쟁으로 제공하게 될 것이다. 전 세계의 O2O 비즈니스 모델이 모두 존재하는 중국의 '위챗'은 단순한 채팅 애플리케이션이 아니라 하나의 거대한 플랫폼이다. 위챗의 승리는 다양하게 경험적으로 제공된 오픈 API의 힘이며 향후 가정용 로봇도 이러한 형태를 벤치마킹해 플랫폼 형태의 성장을 할 것이다.

AI, 감정엔진 기술의 발전으로 로봇이 우리 가정으로 빠르게 들어오고 있다. 최근 국내 이동통신사 매장과 극장에도 등장한 세계 최초의 소셜로봇 페퍼는 센서와 감정엔진을 통해 인간의 감정을 인식하는 것이 특징이다. 주인이 슬픈 표정을 지을 때 깜찍하게 위로해주는 페퍼는 일본에서만 1만 대 이상이 팔렸다. 이처럼 사람과 교감하는 감성중심의 로봇인 가정용 소셜로봇은 점점 더 발전하고있다. 감정표현과 소통 외에도 개인 비서, 가전기기 제어와 집안 모니터링 등 현재 AI 스피커가 수행하는 대부분의 기능이 가능한데 1인 가구의 비율 증가와 노령화가 특히 심화되고 있는 일본은 소셜로봇 개발에 적극적이다. 최근 출시된 소니의 2세대 로봇강아지 아이보 역시 AI를 통해 인간과 소통하는 똑똑함을 갖췄는데 사용자의 음성명령과 쓰다듬는 행위에 반응하고 심지어 눈을 깜빡거리기까지 한다. 또 애플리케이션을 활용하면 아이보에게 묘기 등 새로운 것을 가르칠 수도 있다. 애니메이션 회사 픽사가 만든 큐리는 친근함을 안겨주는 큰 눈망울의 외모의 로봇이다. 큐리는 음성인식기능과 감정표현은 물론, 개선된 시각 지능 시스템을 통해 반려동물도 구분해서 서로 다른 반응을 보일 수 있다.

기능형 가정로봇의 발전에 있어서는 한 프랑스 회사가 개발한 키커가 좋은 방향을 보여주고 있다. 키커는 가정 내 엔터테인먼트에 특화된 로봇으로, 이동하면서 거실 벽이나 천장에 영화나 비디오게임 화면을 쏘거나 스피커에서 음악을 스트리밍 해주는 등 오락 기능을 수행할 수 있다. 또 아이들의 교육과 육아에 특화된 인형로봇 우보는 아이가 궁금한 것을 질문하면 답변하고 다양한 첨단센서를 통해 아이들이 몰입할만한 이야기를 들려준다. 시중에서 판매하는 로봇 '아인슈타인 교수'는 핸슨 로보틱스가 개발한 교육용 소형 로봇으로 과학에 대한 질문에 답해주고 농담을 건네기도 한다. 가정 내 주치의 역할을 해줄 헬스로봇 하나도 출시를 앞두고 있는데, 필로라는 이름의 이 로봇은 가족의 얼굴과 음성을 식별해서, 약을 먹을 시간을 알려주고, 담당의사와 화상통신으로 연결해주는 기능도 갖추고 있다. 또, 도요타의 인간 지원로봇 HSR은 거동이 불편한 노인들을 위해 물건을 들어서 옮겨주는 등, 다양한 도움을 주도록 설계되었다. 고령화 시대를 맞아, 외로움을 달래주고 집안일도 도와줄 반려로봇의 수요는 더 늘어날 전망이다.

물론 가정용 로봇이 대중화되기 위해선 아직 해결해야 할 문제들이 많다. 최근 한 해외 보안기업은 해킹된 가정용 로봇이 공격적으로 변하는 모습을 공개했는데 펌웨어 해킹을 당한 로봇은 토마토를 찌르는 등 과격한 행동을 보였다. 이처럼 해킹에 따른 보안문제, 비싼 가격, 유지비, 잦은 고장 등의 해결해야 할 문제는 많지만 이 문제들이 해결된다면 1가구 1로봇 시대와 로봇의 플랫폼화는 분명 가능해질 것이다. 로봇이 보편화 된 미래를 생각해본다면 꼭 로봇을 제조하는 사업모델이 아니더라도 로봇 내에 들어가는 소프트웨어와 콘텐츠 플랫폼 등 서드파티 서비스 형태로서도 많은 창업기회가 등장할 것이다. 미리 상상하고 준비한다면 좋은 사업 아이템을 발견할 수 있다.

미래 챗봇 시장의
두 가지 방향

뉴질랜드의 스타트업이 개발한 아바타 챗봇, 나디아가 화제가 된 적이 있다. 나디아는 웹캠을 통해 사람과 대화할 수 있고, 표정을 보고 감정을 이해하기도 하는데 만약 표정을 찡그리거나 목소리의 톤을 바꾸면 그에 맞춰 슬픈 표정을 짓거나 위로의 말을 건넨다. 나디아는 감정지능 가상 에이전트라고 불리는 '베이비X' 기술을 기반으로 개발되었는데 이 기술은 챗봇이 보다 정교한 수준으로 사람들과 소통 할 수 있게 만들어주고 AI처럼 학습을 통해 감정이해 능력을 향상시킨다. 장애인들에게 AI 대화 서비스를 제공하기 위해 개발된 나디아는 향후 챗봇 시장의 하나의 방향을 제시했다.

최근 국내사례 두 개를 비교해보겠다. 스타트업 신의직장의 클로저와 아로파의 ASK 챗봇 서비스는 둘 다 2015년 시작된 서비스였다.

클로저는 B2B[Business to Business] 시장을, 특히 고객센터 시장을 집중하며 챗봇을 다른 서비스에 도움을 주는 형태로 서비스를 발전시켰고, ASK는 챗봇 자체가 여행 가이드를 제공하며 O2O 전자상거래로 수익을 내는 B2C[Business to Consumer] 서비스로 집중했다. 두 기업 모두 탁월한 기업가 정신으로 서비스에 몰입했으나 ASK는 클로저와 달리 장기적인 사업모델을 만들기가 어려웠다. 그 이유는 챗봇 자체가 서비스가 아니라 서비스를 발전시키기 위한 도우미 역할로 발전하기 때문이다. 이제는 많은 오프라인 서비스에 챗봇의 기능이 가미되는 형태, 즉 B2B 형태로 시장이 열릴 것이며 만일 챗봇 자체가 서비스의 중심이라면, 위에서 언급한 나디아와 같이 인간의 감정을 어루만지는, 그리고 전자상거래와 상관없는 친구 서비스로 가야한다. 결론적으로 챗봇 시장은 B2B 또는 감성이해 기반의 친구 서비스 두 가지 방향 중에 하나를 선택해 접근해보기를 추천한다.

그렇다면 챗봇 비즈니스를 준비하는 스타트업은 어떻게 기술을 확보하며 경쟁우위를 만들어가야 할까. 챗봇은 처음부터 완전 자동화가 될 수 없다. 그렇기 때문에 챗센터와 동시에 운영해야 한다. 챗센터는 사람이 고객들이 묻는 채팅 질문에 대해 대응하는 것이다. 챗봇 서비스를 오픈하게 되면 챗봇이 대응하기 어려운 예외사항은 챗센터의 상담사가 대응하게 되는데 일반적으로 오픈 초기에는 예외사항이 90% 가깝게 발생한다. 일반적으로 고객은 스마트폰으로 채팅을 통해 묻고 상담사는 PC 환경을 통해 응대한다. PC를 통해 응대하면 여러 고객을 동시에 대응할 수 있기 때문에 생산성이 향상된다. 생산성 향상보다 더 큰 수확은 챗봇을 학습시킬 재료를 확보할 수 있다는 것이다. 챗봇은 예외사항에 대한 학습을 통해 예외사항을 빠르게 줄여나간다. 꾸준히 지능이 개선된다는 것이다. 결국 챗봇 스타트업은 AI 챗봇이 학습해야 하는 재료확보 행위를 각자 자기의 영역에서 집중적으로 몰입해서 해야 하며, 여기에 몰입한 만큼 지능적인 챗봇이 탄생할 것이다.

굳이 기술 확보 측면에서 원천 알고리즘을 논하지 않는 이유가 있다. 챗봇을 학습시킬 AI 알고리즘은 IBM 왓슨, 구글과 같은 다국적 기업의 AI 알고리즘 사용을 권한다. 스타트업으로서 AI 알고리즘 영역, 다시 말해 AI 원천기술 영역까지 도전하는 것은 만만치 않다. 응용 소프트웨어 영역에서 자기 전문분야에 대한 몰입이 가성비 높은 결과를 가져올 수 있다.

AI 기반 커머스에서 창업의 기회를 찾자

중국 광군절에 타오바오로 로그인을 했던 사람들은 알리바바의 AI 성능에 경이로움을 느꼈을 것이다. 유저마다 다른 상품 추천과 배너광고의 디스플레이는 커머스를 할 수 밖에 없도록 유저를 자극했다. 수십억 명이 동시 접속한 상태에서 이러한 구성은 사람이 할 수 없다. 바로 AI가 만들어낸 결과물이다. AI를 기반으로 한 큐레이션 커머스는 패션 분야에서 더 빛난다. 매출 10억 달러를 눈앞에 두고 있는 미국의 패션 스타트업 스티치픽스의 성공비결은 고객 취향을 제대로 분석해내는 AI 기술이 핵심이다. 고객은 구매할 사이즈와 예산, 그리고 취향만 입력하면 AI가 그에 맞는 옷을 추천해서 옷을 보내주고 고객은 그중 마음에 드는 것만 구매하면 된다. 고객의 80% 이상이 재구매를 할 정도로 AI의 성능은 좋고 AI가 제공하는 이미지만으로 사는 것도 가능하다.

네이버의 커머스렌즈 애플리케이션은 AI 기술로 이미지 속 상품을 인식한 다음 상품을 판매하고 있는 커머스몰을 검색해준다. 상품 이름을 몰라도 직접 찍은 사진이나 인터넷상의 이미지만 있으면 검색 및 구매가 가능하니까 한 차원 높은 편리함이다. AI 스피커도 특급 커머스 도우미로 활약 중이다. 아마존 에코를 활용하면, 목소리만으로도 필요한 물건을 바로 주문할 수 있는데 이미 에코 사용자의 약 50%가 이 서비스를 이용 중이다. 국내에서도 KT 기가지니가 음성으로 상품을 검색, 주문, 결제하는 서비스를 출시할 예정이다. AI로 나만의 커머스 비서를 고용하는 것도 가능해질 것이다.

커머스가 AR과 VR 기술이 AI를 기반으로 진화하는 방향도 있다. 최근 등장한 미국의 AR 커머스 서비스는 안경을 쓰고 AR 매장을 둘러보다가 관심 있는 상품을 응시하면 상세한 상품정보가 안내되고 디지털 결제 시스템과 홍채인식 기술을 통해 결제까지 이뤄진다. AR 기술은, 잘못 고른 물건을 반품해야 하는 수고도 덜어준다. 이케아의 AR 애플리케이션을 이용하면 몸집이 큰 가구도, 우리 집에 미리 배치해보고 제품의 질감이나 명암도 세밀하게 확인할 수 있는데 알리바바 등이 선보이고 있는 VR 커머스몰에서는 마치 순간이동을 한 것처럼 가상공간에서 물건을 살펴보고 결제까지 편리하게 가능하다. 직접 매장을 가지 않아도, 또 제품을 직접 옮겨오지 않아도 미리 커머스를 체험하고 즐길 수 있는 시대가 도래 했다.

이러한 시대의 트렌드는 무인 매장까지 가능하게 한다. 최근 정식으로 개장한 아마존의 무인매장 아마존고는 무인매장이 나아갈 방향을 제시한다. 고객은 애플리케이션을 내려 받은 후 매장에 들어가 원하는 물건을 들고 나오기만 하면 된다. 계산대에 줄을 설 필요도 없는데 수백 대의 카메라와 각종 센서, 그리고 머신러닝 기술들이 고객의 구매행동을 파악하고 결제까지 완료하기 때문이다. 중국에서도 알리바바의 무인편의점이 성업 중이다. 이 편의점 역시 상품을 고른 후 결제문을 통과하면 자동으로 상품을 스캔하고, 알리페이로 결제까지 된다. 자율주행 기술을 탑재한 식료품 매장까지 등장했다. 미국의 스타트업이 공개한 움직이는 식료품매장 로보마트는 소비자가 호출하면 자율주행으로 집 앞까지 신선식품과 빵 등을 배달해주는데 소비자는 원하는 상품을 고르고 차문을 닫기만 하면 된다. AI가 접목된 커머스 분야는 다시 투자를 가속화 시킬 것이다. AI는 투자가 가장 빠르게 회수가 되는 분야인 만큼 트렌드의 변화도 빠르고 창업의 기회도 열려있다.

서비스 로봇,
로봇 시장의 활성화를 키우다

2000년에 국내에 처음 등장한 청소 로봇은 생각보다 많은 판매량을 기록하며 서비스 로봇의 미래 시장 가능성을 높였다. 당시 벤처기업 중 하나였던 한울로보틱스의 창업자를 대덕벨리에서 종종 만나며 이 시장의 미래에 관해 토론했던 기억이 난다. 지금은 AI와 로봇기술의 발전이 거듭되면서 인간의 노동력을 대체할 수 있는 서비스 로봇 시장이 확산되는 시발점이 바로 지금이라는 전문가들의 의견과 함께 다양한 적용사례가 쏟아져 나오고 있다. 로봇이 은행에서 금융상품을 안내하고, 음식을 서빙하고, 경찰관 업무를 도와주는 것은 더 이상 미래가 아닌 현실의 모습이 되었고 그만큼 각 분야에서 스타트업 창업의 기회도 늘어나고 있다.

두바이에 등장한 세계 최초의 휴머노이드 로봇경찰관은 안면인식을 통해 악수 및 경례를 할 수 있고, 터치스크린을 통해 범죄 정보를 조회하거나 길안내도 가능하다. 6개 국어가 가능한 이 로봇은 경찰관들의 서비스 업무를 상당부분 덜어주고 있는데 이처럼 서비스 로봇이란, 공공시설과 다양한 매장에서 사람을 도울 수 있게 설계된 로봇이다. AI의 발전으로, 음성, 감정 인식이 가능해지고, 지능형 이동기술 등이 접목되면서 그 활약이 다양해지고 있는데 현재 가장 유명한 서비스 로봇은, 앞에서 언급한 페퍼. 소프트뱅크의 이 로봇은 전 세계에 2만 대가 팔렸고 이미 우리나라의 서점, 백화점은 물론, 은행의 금융상품 안내 창구에 배치되어서 다양한 안내 업무와 손님 응대 기능을 수행하고 있다. 국내에선 LG전자의 안내 로봇이 인천공항에서의 서비스 능력을 인정받아서 국내 최대 복합 쇼핑몰에 진출했다.

사람과의 상호작용을 통해 데이터가 축적되면 로봇 서비스의 질도 더욱 높아질 것으로 예상되는데 최근엔 특수한 영역에서 전문능력을 펼치는 서비스 로봇도 늘어나고 있다. 얼마 전 국내 최초로 문을 연 로봇 바리스타 카페에는 로봇이 서비스를 제공한다. 이 로봇 바리스타는 6개의 관절을 움직여 정확하게 음료를 제조하고 시간당 최대 90잔, 하루에 2,000잔까지 음료를 만들어낼 수 있다. 미국 라스베이거스에서 활약 중인 바텐더 로봇은, 18가지의 칵테일을 제조할 수 있고, 손님이 원하면 스스로 창작한 칵테일도 만들어낸다. 음식을 서빙하는 로봇 웨이터에 대한 연구도 활발하다. 이미 중국의 화웨이에서는 제품을 개발해 선보인 바 있다. 인도의 한 레스토랑에서는 목에 스카프까지 두른 로봇 웨이터들이 손님들에게 음식을 직접 날라준다.

주차 고민을 해소해줄 발렛파킹 로봇도 등장했다. 프랑스 드골 공항의 첨단 자율주행 기술을 탑재한 발렛파킹 로봇은, 스스로 자동차를 들어 올려 주차장까지 끌고 가고, 빈 공간을 찾아 안전하게 내려놓는다. 자율적으로 주차 공간을 판단해서 관리하기 때문에, 기존 주차장의 효율을 50%나 높일 수 있다고 한다. 태국의 한 종합

병원에 있는 로봇 간호사는 의료진들의 수고를 덜어주기 위해 도입되어, 병원 내 문서나 약을 전달하는 업무를 맡고 있다. 국내 병원에서도 자율주행 운반로봇 고카트를 통해, 의약품 배달 업무를 수행할 예정이라고 한다. 이 밖에도 일본과 미국의 많은 호텔에서는 손님들의 룸서비스를 수행하는 서비스 로봇을 활용 중이다.

물론, 아직까지 한계는 있다. 최근 영국의 한 식료품점에서는 페퍼 로봇이 해고되기도 했는데, 그 이유는 손님의 질문을 잘 알아듣지 못하거나 서비스 능력이 떨어진다는 등 이었다. 하지만 빠르게 발전 중인 AI 기술을 통해 창업자가 잘 알고 있는 영역에 대해 서비스 로봇을 연구하고 개발해 나간다면 분명 새로운 창업기회를 맞게 될 것이다.

서비스 분야에 적용되는 AI, 창업 스펙트럼을 넓히다

2018년 3월부터 KFC에서는 배달 주문자에게 AI 챗봇을 통해 모든 배달 정보를 알려주고 있다. 기존에 사람이 하던 업무의 일부를 AI가 대체한 것이다. 이 같은 서비스 분야의 AI 대체 트렌드는 스타트업들에게는 창업의 스펙트럼을 넓혀주고 있다. AI 서비스의 시작은 해당 서비스의 경험치에 기반을 둔 학습자료 수집에서 시작된다. AI 전문가가 아니더라도

AI의 학습과 적용 원리만 알고 있어도 창업은 가능하다. AI 서비스 창업의 최고의 핵심역량은 학습을 위한 자료수집이기 때문이다.

한 국내 IT기업은 AI 면접을 실시한 적이 있다. 웹캠과 마이크가 달린 헤드셋을 통해 AI면접관이 지원자를 분석하는데 AI의 질문에 답하는 동안 지원자의 표정, 음성, 답변 등을 모니터링해서 지원자의 성향과 업무능력을 파악한다. 많은 시간이 소요되는 서류전형과 면접을 1시간 만에 끝낼 수 있는 것은 물론 사람의 선입견이 개입되지 않아서 공정한 평가가 이뤄진다는 것도 장점이다. 일본에서는, AI 로봇 페퍼가 면접관으로 활약 중이다. 애플리케이션을 통해 다양한 면접 전형에 대비할 수 있는 것은 물론이고 실제 지원자와 면접을 진행하고 평가하는 역할도 한다. 이미 IBM, 유니레버 등 세계적 기업들이 AI 시스템을 면접과 채용에 활용하고 있고, 국내 대기업도 서류전형에 AI를 도입할 계획이다. AI를 면접에 활용할 수 있는 이유는 그간의 면접 데이터가 많이 축적되었기 때문에 학습을 통한 자동화가 가능해졌기 때문이다.

AI 아나운서도 도입되는 추세다. AI 아나운서는 텍스트를 음성 데이터로 변환해 읽어주는 TTS[Text to Speech] 기술과 립싱크가 가능한 아바타 기술의 합작으로 등장한 것은 2000년대 초반이었다. 최근 클라우드 컴퓨팅으로 연산량이 늘어나면서 상용화되기 시작한 것이다. 일본 기업이 선보인 AI 아나운서 음성 플랫폼의 경우, 실제 아나운서들이 읽는 뉴스 음성 10만 건을 학습하며 인간의 발성 패턴을 익혔기 때문에 발음이 자연스럽다. 심야 시간이나 재난 상황에서도 사람을 대신해서 빠르게 투입될 수 있는 장점 때문에 그 활용 범위도 넓어지고 있다. 2018년에 AI 로봇 '에리카'가 조만간 일본의 공중파 TV의 뉴스 앵커로 데뷔할 것이라는 소식이 들렸다. 단아한 미모의 에리카는 안면인식 기술로 사람의 목소리와 움직임을 감지하고 AI를 통해 즉흥 질문에도 막힘없이 대화하는 모습을 보여주었다.

AI은 아트 서비스 분야에도 적용된다. 인텔의 AI기술을 통해 제작된 중국 팝스타의 뮤직비디오에는 별이 반짝이거나 얼굴에 물이 떨어지는 등의 AI가 만들어 낸 특수효과가 등장한다. 영상 후처리 작업은 편집기술의 가진 엔지니어들이 상당한 시간과 노력을 투자해야 하는 분야다. 하지만 AI 영상 후처리 서비스는 딥러닝 과정을 거쳐 즉각적으로 얼굴을 3D로 재현하고 자연스럽게 특수효과를 구현할 수 있다. 덕분에 가수들도 촬영할 때 트래킹 마스크를 착용해야 하는 번거로움을 없앨 수 있었다.

일명 짝퉁, 즉 가짜나 모조품을 찾아내는 AI 감별사 서비스도 등장했다. 미국의 스타트업이 개발한 애플리케이션 엔트루피는 AI를 통해 진품과 짝퉁을 15초 만에 판별해준다. 3만 여종의 명품가방과 지갑 사진을 비전 기술을 통해 학습했기 때문에 판별의 정확도는 95%에 달한다. 이처럼 사람의 경험을 기반으로 오랜 시간과 노력을 투입한 서비스 분야 중에 AI가 학습할만한 자료로 정형화 시킬 수 있는 분야라면 서비스 AI 창업에 도전해 보기 권한다.

무한한 가능성을 가진
빅데이터 활용 창업

빅데이터는 그야말로 무궁무진한 창업의 기회를 제공한다. 특히 빅데이터가 제공하는 큐레이션 기능을 활용하면 다양한 창업 모델을 설계할 수 있다. 빅데이터를 기반으로 현재 개인별 큐레이션 커머스는 나날이 진화해가고 있다. 이 안에서 B2B형태의 큐레이션 서비스를 고도화 한다면 다양한 솔루션을 여러 산업에 제공하는 형태의 시장을 개척할 수 있다.

미국의 대형마트 타겟의 사례를 살펴보자. 어느 날, 한 가정집의 아직 미성년자인 딸에게 출산용품 할인쿠폰이 도착했다. 임부복, 유아복 등을 저렴하게 살 수 있는 쿠폰이었다. 그것을 발견한 아버지는 너무 화가 나서 마트로 달려갔다. 도대체 고등학생인 딸에게 왜 이런 말도 안 되는 쿠폰을 보낸 것이냐며 담당자에게 따지기 위해서였다. 그런데 놀랍게도 대형마트의 큐레이션은 틀리지 않았다. 딸의 온라인 이용 행태와 구매 패턴 등을 분석한 결과 임산부라는 사실을 파악할 수 있었고, 미성년자인 딸은 아버지에게 임신 사실을 숨기고 있었던 것이다. 빅데이터가 가진 정보력과 큐레이션 능력이 얼마나 정확한지 알 수 있는 사례다.

아마존에서도 고객의 검색 및 구매 패턴을 분석해 고객이 좋아할 만한 책을 추천하는 빅데이터 시스템을 갖추고 있다. 이 서비스를 시작한 이후 전체 매출의 30%가 오를 만큼 고객에게 정확한 정보를 제공하고 있다. 이런 식으로 고객들이 하나 둘 확보되기 시작하면 어떤 기업이든 그 나름의 데이터를 가지게 된다. 그것을 그냥 묵혀두느냐, 하나의 정보로써 활용하느냐 정하는 것은 각 기업의 몫이다. 스타트업은 그러한 기업들에 B2B 형태의 솔루션을 제안할 수 있는 기회를 가질 수 있다.

고객의 취향을 분석해 그 고객에게 최적화된 '맞춤형 서비스'를 제공하는 솔루션은 이미 등장했지만, 점점 더 경쟁이 가속화됨에 따라 전문 솔루션 시장을 넓혀가고 있다. 사람들은 불특정 다수에게 토해내듯 보내는 메일, 알림에 대해선 '짜증나는 스팸'으로 인식하지만, 자신의 취향에 딱 맞는 제품을 추천해주는 것은 '고마운 정보'로 인식한다. 언급한 아마존은 이런 서비스를 가장 잘 하고 있는 곳이고, 국내 인터넷 서점 예스24도 그와 비슷한 서비스를 제공하고 있다. 그외 태그드닷컴의 이성 추천 서비스, 스트리밍 서비스기업인 넷플릭스와 국내 스타트업 왓챠의 영화 추천 서비스도 큰 인기를 끌고 있다. 이 서비스들 모두 고객의 정보, 구매 이력, 별점 기록 등을 토대로 취향을 분석해 적절한 제품과 콘텐츠를 추천해준다.

KB국민카드에서 제공하는 스마트 오퍼링 서비스도 이와 유사하다. 스마트 오퍼링은 빅데이터로 고객의 행동, 소비 패턴을 분석해 실시간으로 할인 정보를 제공하는 서비스다. 예를 들어 서울과 경기도에서 카드를 주로 결제하던 고객이 다른 지방이나 고속도로 휴게소 등에서 카드를 긁으면 장거리 여행이나 출장을 떠났다고 보고 주유소 할인 쿠폰을 제공하는 식이다.

이렇듯 빅데이터 시스템은 개인의 상황 혹은 취향을 파악해 상품을 추천하고 최적의 정보를 제공하는 방향으로 점차 발전하고 있다. 앞으로 이런 형태의 추천 서비스는 더욱 다양한 분야에 걸쳐 나올 것이고 스타트업들의 먹거리도 제공해 줄 것이다.

빅데이터 안에 숨겨진 가치를 활용해 부가가치를 높이자

빅데이터 분석은 필요할 때에만 하는 것이 아니라 평소에 관심을 가지고 꾸준히 들여다봐야 통찰력을 얻을 수 있다. 이 포인트를 잘 활용하면 스타트업들도 안정적인 수익모델의 B2B 솔루션을 설계할 수 있다. 특히 빅데이터는 숨겨진 고객의 니즈를 발견해 매출을 끌어올릴 수 있고 이 눈에 보이는 부가가치를 솔루션 제공자는 공유할 수 있다. 또한 리스크도 예측이 가능하므로 대기업이 투자해야만 하는 예산을 활용해 새로운 스타트업이 도모하는 시장으로 만들 수 있다.

고객들의 숨겨진 수요, 즉 니즈를 파악하는 대표적인 사례로 월마트가 있다. 월마트는 고객의 구매 영수증 데이터를 분석하던 중, 전혀 서로 관계가 없어 보이는 기저귀와 맥주가 함께 팔리고 있다는 사실을 발견했다. 그것도 주로 목요일이나 금요일에 같이 구매하는 경우가 많았다. 조사 결과, 이는 아내의 심부름을 나온 남편들이 기저귀를 사면서 동시에 맥주까지 집어든 것임을 알게 되었고 월마트는 그때부터 기저귀와 맥주를 묶어 파는 기획 상품을 내놓고 팔기 시작했다. 당연히 매출은 전례 없이 폭발적으로 증가했다.

이후 월마트는 빅데이터 분석에 본격적으로 투자하기 시작했다. 고객들의 지난 구매 이력, 구매 날짜의 날씨 등 각종 데이터를 융합하고 분석해서 그날그날의 판매량을 예측했고, 그에 따라 물류도 조절했다. 덕분에 물류 관리도 전보다 수월해졌다. 심지어 특정 날에 가장 잘 팔릴 물건이 무엇일지 예측할 수 있을 만큼 시스템이 발전했다.

미국에 허리케인 태풍이 불어 닥칠 것이란 예보가 떴을 때도 빅데이터는 그 진가를 발휘했다. 다른 상점들은 급히 문을 닫기 시작했지만, 월마트의 빅데이터 시스템은 손전등과 맥주를 팔면 잘 팔릴 것이라는 추론을 내렸다. 태풍이 불면 사람들이 정전과 같은 비상사태에 대비해 손전등을 사두고, 집 안에 꼼짝 않고 머물면서 맥주를 마신다는 과거 데이터를 기반으로 도출해낸 것이다. 그렇게 매장 전면에 맥주와 손전등을 진열한 결과, 놀랍게도 바로 전 주의 같은 요일과 대비해서 무려 7배나 매출이 올랐다.

리스크 관리 혹은 고객 관리 측면에서도 빅데이터는 빛을 발한다. 대표적인 사례로는 미국의 레스토랑 피에프창을 들 수 있다. 그들은 매일 2,000만 개의 SNS 데이터를 분석해서 어떤 이슈들이 매장과 관련해 떠돌고 있는지 파악하기 시작했다. 그러던 중 직원 한 명이 주문 접수와 고객 응대를 동시에 담당하면서 고객들이 불만을 품고 있다는 사실을 발견했고, 그 즉시 대책 마련에 나섰다. 곧이어 피에프창은 주문 전화를 받는 일은 콜센터에 일임하고, 매장 직원은 고객 응대를 하는데 전념할 수 있도록 운영 방식을 바꿔 서비스의 질을 대폭 개선했다. 이러한 피에프창의 대응은 국내 외식 기업들에게 던지는 시사점이 크다. 특히 요즘 고객들은 불만이 있으면 기업에 불만을 얘기하기보다 SNS에 "이 매장 별로다"라고 올려버리고 만다. 이런 정보들을 평소에 모니터링하지 않고 방치한다면 매장의 이미지는 회복할 수 없을 만큼 추락할 가능성도 있다. AI 기술의 접목으로 비정형화된 데이터의 분석이 자동화되고 있는데 이 부분도 스타트업이 새로운 빅데이터 기반의 리스크 관리 사업모델을 만드는 촉매제가 되고 있다.

AI 창업의 적기!
스타트업을 어떻게 시작할까

지금만큼 AI 창업 분야에 뛰어들기에 적기가 없다는 것이 전문가들의 의견이다. 좋은 환경이 만들어졌는데 도전하지 않을 이유가 없다.

AI 분야의 스타트업 창업의 첫걸음은 AI를 학습시킬 수 있는 방대한 데이터의 수집과 분석에 있다. 인간의 학습능력과 추론능력, 지각능력, 자연언어의 이해능력 등을 컴퓨터 프로그램으로 실현한

AI 기술은 우리 삶과 산업 전반을 변화시키고 있다. 혁신적인 창업을 꿈꾸는 사람이라면 절대 놓치지 말아야 할 시대적 흐름이다. 온라인과 오프라인을 연결하는 O2O 시장도 불과 몇 년 전에 생겨났지만, 이제는 AI를 접목하지 않으면 투자가 잘 되지 않을 만큼 AI는 가능성과 시장성이 높은 분야이다. AI 기술은 이미 우리 생활 깊숙이 들어와 있으며, 통역 및 번역, 상품 추천, 커머스, 음성 비서, 자율 주행 자동차, 금융, 의학, 공공 서비스 등 다양한 분야에 접목되어 일상을 보다 편리하게 만들어나가고 있다. 놀라운 것은 적용 범위가 무궁무진하다는 것인데, 그만큼 AI 기술을 활용한 새로운 창업 기회도 무한대로 열려 있다고 볼 수 있다.

사실 AI 관련 기술들은 약 20년 전인 2000년대 초에도 벤처기업들이 도전했던 분야다. 그러나 복잡하고 방대한 분량의 정보를 처리하기에는 당시 여러 가지 기술적 한계가 있어, AI 시장은 지금처럼 성장하지 못했다. 하지만 빅데이터와 클라우드 컴퓨팅 기술의 발전 등에 힘입어 AI 시장은 이제야 제대로 된 첫발을 내딛게 되었다. 특히, 눈여겨볼 것은 이를 바탕으로 한 딥러닝이라는 새로운 기술의 등장이다. 알파고를 통해 잘 알려진 딥러닝은 인공 신경망을 기반으로 컴퓨터가 사람처럼 스스로 학습하는 기술을 의미한다. 수많은 기업들은 딥러닝이 탑재된 AI를 통해 지금까지 불가능했던 영역에서 괄목할 만한 성과를 내기 시작했다. 즉, AI 창업 분야는 지금 본격적으로 발전하고 있다. 이제는 상상을 실현시켜줄 기술이 어느 정도 만들어졌고 앞으로도 계속 발전할 것이다.

AI 서비스들이 공통적으로 가지고 있는 특징은 개인화 서비스다. 여기에서 가장 중요한 핵심 역량은 '데이터'에 있다. 지속적인 데이터 축적과 분석, 상호작용을 통해 AI의 능력이 향상되기 때문이다. 앞서 제시했던 사례들처럼 AI를 학습시킬 정형화된 데이터를 만들어낼 수 있어야 더 나은 서비스, 더 나은 제품을 만들어낼 수 있다. 충분한 데이터가 쌓이지 않으면 서비스의 시작도, 그리고 발전도 있을 수 없다.

참고로 여기에서 기술 확보 측면에서 원천 알고리즘을 논하지 않는 이유가 있다. AI 알고리즘은 IBM 왓슨, 구글과 같은 글로벌 기업의 AI 알고리즘을 사용할 것을 권한다. 스타트업이 AI 원천기술 영역까지 도전하는 것은 만만치 않은 일이다. 시간과 비용, 노력이 상상 이상으로 어마어마하게 들어가기 때문이다. 대신 그 노력을 소프트웨어 영역에서 자신의 전문 분야에 쏟는다면 가성비 높은 결과를 가져올 수 있다.

사업모델의 경우 AI 자동화를 통해 클라이언트의 비용을 절감하고, 그 비용의 일부를 청구할 수 있는 것을 권한다. AI에 투자하고 싶어 하는 분위기는 깔려있지만, 그렇다고 불확실한 예산에 투자하는 분위기는 아니다. 클라이언트에게 절감할 수 있는 비용과 서비스 개선을 명확히 제시하고, 그 부분에 대한 가치를 스타트업 서비스의 매출로 잡는다면 시작을 열어가기가 한층 더 수월할 것이다.

이외 개인정보 보호 및 보안에 대한 논란 등 우려의 시각도 있지만, 이에 대한 솔루션도 점차 개발되고 있는 추세다. 어떻게 보면 이 시장 또한 창업의 기회라고 볼 수 있다. 결론적으로, AI 기술의 시대를 두려워할 필요가 없다. 적극적으로 연구하고 탐구해 도전하려는 자세만 있다면, 새로운 창업 기회는 얼마든지 열려 있다.

인테리어 O2O
서비스의 AI 융합

스타트업 투자 트렌드에서 O2O는 이전만큼 뜨겁지는 않다. 하지만 요즘 들어 O2O 서비스와 AI가 결합한 차세대 O2O 서비스들이 나타나고 있다. 대표적인 분야로서 인테리어를 들 수 있는데 인테리어 O2O 서비스가 본격적으로 나타나기 시작한 4년 전에는 주로 역경매 방식이었다. 여러 부작용을 겪으면서 자체적으로 전문가 풀 안에서 연결하는 방식으로 전환되었다. 인테리어 O2O 플랫폼을 이용하는 소비자들의 가장 큰 니즈는 내가 원하는 공간을 제시한 조건 내에서 문제없이 만들어 낼 수 있는, 또 그 성공 사례를 많이 가지고 있는 인테리어 기업 또는 전문가를 찾는 것이다. 다양한 사례를 일일이 확인하고 비교하는 것은 매우 힘든 일이기 때문에 이 문제를 해결하기 위한 인테리어 애플리케이션들이 등장했다. 역으로 시공 기업들은 인테리어 애플리케이션을 통해 고객을 발굴하는 새로운 통로를 찾았다.
집닥은 인테리어를 하고 싶은 사람과 공사를 하고 싶은 기업을 빠르고 쉽게 연결해주는 비교 견적 중개 서비스 전문기업이다. "공간 변화를 원하는 모두를 연결해 삶을 행복하게 만들어 드리자"는 목표로 지난 2015년에 설립되었다. 현재 전국 450개 이상의 인테리어 기업과 파트너십을 맺고 전국으로 인테리어 중개 서비스를 제공 중이며 최근 월 거래액 100억 원을 돌파했고 창업 3년 만에 누적 거래액도 1,300억 원을 넘었다. 집닥 홈페이지나 스마트폰 애플리케이션을 통해 쉽게 견적 신청을 할 수 있다. 회원가입 없이 이름, 연락처, 간략한 요청사항만 작성하면 신청이 완료된다. 이후 전화로 상세한 상담을 받고 본인 상태에 가장 최적화된 인테리어 기업을 매칭 받는 서비스다. 매칭 이후 견적 신청부터 공사 완료까지 모든 주요사항을 한눈에 확인이 가능하고 시공 기업들의 포트폴리오를 확인하기도 매우 쉽다.

집닥은 최근 AI 기술을 적용해 매칭 시스템 알고리즘을 강화 중이다. 그 시작으로 웹페이지 태그 기능을 전면 강화했는데 지난 1년간 집닥 홈페이지 사용자의 검색어 250만 건 데이터를 기반으로 한 추천 키워드별 분류 기능을 추가했다. '수납력강화' '헤링본패턴' 등 방문자가 선호 키워드 기반 태그 기능을 활용해 최적화된 인테리어 시공사례 검색이 가능하다. 매칭 알고리즘의 원리는 소비자가 직접 수많은 사례를 일일이 비교하지 않아도 빅데이터 분석 엔진이 자동으로 전문가들의 실제 사례를 분석해 소비자의 상황과 제한조건, 그리고 원하는 스타일과 가장 유사한 실제 성공 사례를 많이 가지고 있는 전문가를 찾아주는 원리다. 실제 사례를 확인할 수 있기 때문에 소비자는 자신의 상황에서 나올 수 있는 결과물에 대해서 미리 가늠해 볼 수 있을 뿐만 아니라, 예산과 비용에 대해서도 불필요한 혼동을 주지 않는다.

인테리어브라더스의 컨시어시 서비스도 매칭 AI 서비스를 제공하고 있다. 기존에 소비자가 직접 사례와 정보를 비교한다면 2주 이상 걸릴 일을 2분 이내에 마칠 수 있다. 특히 전문가가 소비자가 원하는 조건과 유사한 실제사례가 많을수록 더 높은 순위로 잡아준다. 예를 들어 홍대에 작은 카페를 창업하고자 하는 홍길동씨가 있다고 하자. 카페는 15평이고 예산은 2,000만 원에서 2,500만 원 사이이고, 모던하거나 미니멀한 분위기로 인테리어를 하고자 한다. 홍길동씨는 유사한 사례를 찾기 위해 포털 사이트의 수많은 블로그와 홈페이지들을 확인하러 다닐 수도 있지만, 인테리어브라더스의 서비스로 2분 안에 요구사항들을 차례대로 입력하고 실제 유사 사례와 전문에 대한 정보를 바로 찾아볼 수 있다.

장기적으로 O2O 인테리어 매칭 서비스는 홈 IoT와 결합해 인테리어 매칭 서비스가 IoT 기술을 기반한 스마트홈 서비스 플랫폼화가 될 수 있다. 신규 아파트들뿐만 아니라 인테리어 공사 시에 IoT 기술을 적극적으로 소개해 자신들의 플랫폼에 내재화시키는 것도 가능하다.

AI 시대,
딥러닝 학습데이터 공급 시장이 열린다

내가 AI 사업을 시작한 2000년만 하더라도 학습을 위한 데이터 수집은 AI 엔진회사의 몫이었다. 음성인식 엔진을 만들던 SL2는 음성인식 데이터 확보를 위해 이대역 근처에 별도의 녹음실과 ARS 녹음 장비를 운용하기도 했다. 하지만 요즘은 시장이 확연히 구분된다. 구글, 애플, 네이버, 카카오, 바이두, 텐센트 마이크로소프트 등 IT 대기업들은 딥러닝 기반의 엔진 개발에 몰두하고, 신생 스타트업들은 크라우드 아웃소싱 형태로 학습을 위한 데이터를 구축해 납품하는 시장이 열리고 있다. 국내 스타트업 중 일부도 일찌감치 AI 시장의 성장에 발맞춰 학습데이터 공급 플랫폼을 만들어 성장하고 있다. 이 스타트업들은 국내뿐만 아니라 세계 시장으로도 데이터를 공급해 나가며 글로벌 경쟁력을 키우는 중이다.

특히 자동 번역시장에서 학습데이터 공급시장이 열리고 있다. 우리에게 널리 알려진 AI 번역 서비스 제공 기업은 구글과 네이버, 카카오 등인데 같은 문장에 대해 서비스마다 다른 번역을 제공한다. 그 이유는 인공신경망 기계번역 기술력의 차이가 아니라 각 번역 서비스 제공 기업이 확보한 언어 데이터의 양과 질의 차이 때문이라고 볼 수 있다. 인공신경망 번역 서비스 알고리즘 설계를 위해서는 기본적으로 100만 쌍 이상의 말뭉치, 즉 코퍼스Corpus가 필요하며, 세부 영역별로 번역을 정교화하기 위해서는 더욱더 많은 양의 코퍼스가 요구된다. 그러므로 AI 번역기를 제작하는 기업들은 기계학습에 활용할 문장을 확보하는데 큰 비용을 투자하고 있다. 현재 인공신경망 번역기, AI 비서 산업이 급부상하고 있기 때문에 텍스트, 음성 등 언어 데이터를 필요로 하는 시장이 급성장하고 있다. 최근 유튜브 크리에이터들의 번역 수요들도 증가 중이다. 크리에이터들이 해외 사용자들도 사로잡기 위해 필요한 자막서비스 시장이 주목받고 있다.

학습데이터 공급 스타트업 중 가장 주목받는 세 곳을 소개하고자 한다. 첫 번째 스타트업은 플리토다. 플리토는 최근 11억 2,500만 원에 공공 데이터 구축 사업을 수주했다. 플리토의 플랫폼을 기반으로 사업비는 기존 구축 가격의 20%로 줄였지만, 데이터의 양은 5배 이상 확보해 기술력을 인정받았다. 플리토는 5년 전부터 집단지성 번역 플랫폼을 활용해 양질의 언어 데이터를 축적하고 있다. 최근에는 누적된 언어 데이터를 NTT도코모, 바이두, 텐센트, 마이크로소프트, 익스피디아 홈어웨이 등 글로벌 기업들에 판매함으로써 세계 시장 속에서 AI 학습데이터 공급 전문기업으로 자리를 잡고 있다.

두 번째 스타트업은 크라우드웍스다. 크라우드웍스는 네이버의 스타트업 엑셀레이터인 D2 스타트업팩토리로부터 시드 투자를 유치하고 TIPS에 선정된 이후 1년 만에 시리즈A 투자유치도 성공했다. 특히 주주사인 네이버에 학습데이터를 판매하면서 안정적인 수입

원을 확보했다. 크라우드웍스 역시 개방형 크라우드 소싱을 활용해 AI 기술 고도화를 위한 학습데이터를 생산 및 가공하는 플랫폼이다. 2017년 4월 설립 이후 참여자 6,000명으로부터 연간 800만 건 이상의 학습데이터를 생산하고 있으며 고객사 30여 곳을 확보했다.

마지막으로 소개할 스타트업은 2018년 카이스트 E5에서 최우수상을 받은 셀렉트스타다. 셀렉트스타는 모바일에서 수집이 가능한 학습데이터에 집중하고 있다. 셀렉트스타는 모바일 사용자를 통한 분업화된 AI 학습데이터 생산 플랫폼뿐만 아니라 수집 및 가공된 데이터에 대한 전수 검사를 할 수 있는 AI 학습용 데이터 생산 시스템을 활용하고 있다. 정부 부처 통합 창업경진대회인 '도전! K-스타트업 2018'에서 특별상을 받으면서 많은 관심을 받고 있다.

2

글로벌 시장도
공부하면 갈 수 있다

START-UP GUIDE 7

중국의 투자와 M&A
선순환 구조를 벤치마킹하자

　　　　　　　　　　알리바바가 중국의 음식 배달 기업인 어러머를 6조 원에 인수했다는 기사는 스타트업 M&A 시장을 뜨겁게 만들었다. 이전에 알리바바가 어러머에 투자한 2조까지 합치면 5년도 안 된 유니콘 기업을 인수하는데 총 8조 원의 자본을 투자한 것이다. 이러한 형태의 M&A 자금은 다시 중국의 스타트업 투자 생태계에 녹아든다. BAT라 불리는 바이두, 알리바바, 텐센트를 중심으로 선순환이 일어날 것이다. 중국의 사례를 보면 우리나라의 스타트업 M&A 시장의 이상적인 방향성을 엿볼 수 있다. BAT는 최근 주요 3년간 주요 IT기업 투자 및 합병에 498억 달러

(한화로 약 58조 원)를 투입했다. 그리고 그만큼 여러 분야에서 치열한 경쟁이 일어났다. 금융에서는 알리페이 대 위챗페이의 경쟁이, 교통에서는 디디추싱 대 우버의 경쟁이, 그리고 배달을 포함한 음식 플랫폼에서는 메이투안디엔핑, 어러머, 그리고 바이두의 경쟁이 펼쳐진 적이 있다.

대부분 투자와 인수를 통해 이뤄지는 이런 경쟁의 사례들을 살펴보자. 중국 지도 업계 1위와 2위는 바이두 지도와 알리바바 오토네비다. 지도 전쟁은 지도 데이터를 통해 고객 정보에 접근, 차량 호출 및 음식 배달과 같은 위치 기반 서비스 상에서 이뤄지는 경쟁이다. 이는 미래 자율 주행차의 핵심이 될 것이기도 하다.

교통에서의 경쟁, 즉 디디추싱과 우버의 대결은 결국 디디추싱의 승리로 끝났다. 디디추싱은 텐센트의 디디다처와 알리바바의 콰이디다처의 합병 합작품으로 2015년 초에 기업가치 32조 원, 시장점유율 80%의 매서운 기세를 보여줬다. 중국 길거리의 택시, 버스, 자가용에 대한 지배력이 압도적 수준이었다. 2016년 10월 우버와의 합병으로 BAT 모두가 디디추싱의 공동 주주가 되었고 기업가치는 40조 원, 시장점유율은 90% 이상으로 올랐다. 이런 부분이 한국과 다른 부분이다. 기업 간 경쟁이 너무 소모적이라고 생각되면 중국의 BAT는 과감한 인수 또는 합병을 경쟁사와도 단행한다.

소셜커머스 메이투완과 디엔핑의 합병도 비슷한 맥락에서 볼 수 있다. 2010년 알리바바가 투자해 설립한 메이투안과 2003년 텐센트가 투자해 설립한 디엔핑이 합병되면서, 2015년 10월 시장 점유율 70%를 달성했다. 2016년 1월 텐센트 등의 메이투안디엔핑에 4조 원 규모의 투자유치를 하면서 기업가치 20조 원 이상이 된다. 이 성장으로 상대적으로 바이두의 누오미는 위축되었다.

알리바바는 중국 최대 동영상 사이트 요우쿠를 2015년 10월에 인수했다. 요우쿠가 보유하고 있는 5억 명 이상의 회원과 양질의 동영상 콘텐츠 기반으로 전자상거래, 클라우드 및 엔터테인먼트 산업과 연결해 시너지 창출이 가능하다. 특히 전자상거래 부분은 더 주목해 볼 필요가 있다.

우리나라의 벤처 1세대 IT 대기업들이 BAT와 같은 역할을 해준다면 스타트업 생태계에는 새로운 활력이 돌 것이다. 여러 엑셀러레이터들이 생겨나고 있지만 세컨더리펀드를 운영하는 벤처캐피탈 Venture Capital, VC에 구주를 매각하는 것을 제외하면, M&A를 통해 엑싯 경험을 하는 초기 투자자들은 드물다. M&A 활성화에 촉매제가 되는 모멘텀이 BAT 벤치마킹을 통해 나와 주기를 바란다.

핀테크, 중국의 선행사례를 통해 한국 스타트업의 길을 엿보다

우리나라의 설과 유사한 중국의 춘제 시기에 중국의 각 언론사에는 매년 '홍바오 전쟁'이라는 키워드가 유독 눈에 많이 띈다. 홍바오는 '빨간 봉투'란 뜻으로,

중국의 춘제에는 우리나라의 세뱃돈처럼 아랫사람들에게 돈을 빨간 봉투에 넣어서 준다. 만약 우리나라에서 세뱃돈을 모바일 계좌 이체로 해준다고 하면 이상하게 들릴 것이다. 하지만 중국은 그렇지 않다. 춘제 당일 중국의 13억 인구가 알리페이나 위챗페이로 송금하는 건수는 200억 건에 달한다. 이 200억 건을 알리페이와 위챗페이가 반분하는데, 서로 홍바오 송금을 유치하기 위해 벌이는 광고 전쟁이 일명 홍바오 전쟁이다.

이처럼 하루 200억 건의 송금이 이뤄지는 중국은 모든 O2O 분야에서 모바일 핀테크가 활성화되어있다. 중국을 가본 사람들은 잘 알겠지만, 지갑이 없어도 스마트폰에 위챗페이, 알리페이만 깔려있으면 생활하는 데 전혀 지장이 없다. 그러나 만약 스마트폰 배터리가 다 된다면 큰 낭패를 볼 수 있다. 정말 할 수 있는 것이 거의 없다. 먹거리, 교통수단, 숙박, 각종 생활 서비스 등 대부분의 상거래는 이 두 개의 애플리케이션에 모두 녹아있다. 최근에는 기부 등의 서비스가 추가되면서 돈과 관련된 모든 서비스까지 가능해졌다. 외환거래 또한 자유롭다. 실제 해외에 돈을 보낼 때 알리페이를 활용하면 번거로이 은행에 갈 필요도 없다.

이런 탄탄한 핀테크의 기반이 중국 스타트업 활성화에 큰 도움이 되고 있다. 위챗페이는 중국인들이 한국의 카카오톡처럼 사용하고 있는 메신저 위챗과 결합이 되어있다. 위챗 내 일상을 공유하는 타임라인인 펑유취엔은 콘텐츠 도달률이 높아 기업형 커머스 서비스인 공중하오로 이미 발전했다. 그리고 공중하오는 많은 스타트업이 서비스나 제품을 개발했을 때 애플리케이션을 대신해 쓸 수 있는 가성비 높은 서비스 플랫폼의 역할을 해준다. 위챗페이는 중국인들이 습관처럼 쉽게 돈을 쓸 수 있기 때문에 스타트업 또한 서비스 개발 이후 빠르게 투자를 회수할 수 있다. 한국의 스타트업들이 천문학적인 광고비를 써서 발전한다면 중국의 스타트업들은 간편하게 공중하오에 서비스를 올리고 전 중국인이 사용하는 위챗 내 타임라인에 공중하오 콘텐츠를 퍼트려 매출을 올린다.

2014년에 설립된 중국의 스타트업 디엔잉은 각 쇼핑몰의 극장 예약 시스템을 공중하오에 모으기 시작했다. 많지 않은 자본으로 시작한 서비스였지만 공중하오의 위력은 대단했다. 사람들은 디엔잉으로 예약한 영화 정보를 자신의 위챗 타임라인에 공유하기 시작했고 이 콘텐츠가 지속해서 쌓이면서 현재 중국에서 이뤄지는 전체 영화 예약의 30% 정도를 차지하고 있다. 이들은 획기적인 애플리케이션을 개발한 것이 아니고 그저 공중하오에서 큰 투자도 없이 차츰차츰 서비스를 키워간 것이지만 현재는 회사 가치가 1조 원이 넘는 유니콘 기업이 되었다. 사실 디엔잉 외에도 수천만 스타트업 기업들은 모두 가성비 높은 커머스 인프라에서 선순환 성장을 해나가고 있다. 충분히 고민해보고 벤치마킹해볼 사례이다. 우리나라에서도 대형 플랫폼 기업들이 건전한 오픈 API 플랫폼을 제공하고, 스타트업들이 서비스 개발을 맡는다면 창업환경이 한 단계 더 발전할 것이다.

한국 스타트업,
어떤 전략으로 중국에 진출해야 하나

중국에 진출했거나 시도했던 한국의 소프트웨어 기업 중 현재 중국의 모습을 보고 놀라지 않은 기업은 없을 것이다. 나도 중국 진출을 노리기 시작한 2015년에 여느 기업 CEO처럼 큰 충격을 받은 것은 사실이다. 당시 10년 이상의 노하우가 축적된 씨엔티테크와 비교해서도 O2O 커머스의 모바일과 핀테크 분야는 중국 스타트업 기업들이 많이 앞서 있었다.

모바일에서 경쟁우위가 없다고 판단을 내린 우리는, 급격하게 발전한 중국이 생략한 통신 미들웨어 분야와 콜센터 기반기술과 운영기술, 그리고 POS 분야에서만 경쟁력을 확인했다. 14년 동안 한 우물을 팠음에도 불구하고 우리 회사의 9개 기술 중 과반이 안 되는 단 4개 분야만 경쟁우위가 있다는 것에 충격을 받았다. 그리고 나머지 모바일 분야에서도 채 5년도 안 된 중국 스타트업 기업들이 너무도 앞서가고 있다는 것은 엄청난 충격이었다.

모바일 분야의 O2O와 핀테크는 중국이 적어도 2~3년 이상 앞서고 있다. 중국에서는 "대륙의 노하우를 전수해 주마"라는 이야기까지 나오고 있다. 우리나라 소프트웨어 개발 및 운영기업들은 이제 어떻게 해야 하는가? 방법은 있다. 중국이 단기간에 몰입 없이 뛰어넘은 분야 중 경쟁우위가 있는 곳은 분명히 있다. 우리에게는 그동안 쌓은 경험도 있다. 부족한 부분은 중국 현지 기업과 협업으로 풀어내면 된다. 서로 영역을 필요로 하므로 신뢰를 쌓으면서 합리적인 거래 관계를 만들어 낼 수 있다.

협업을 위해서는 조인트벤처를 만드는 것도 좋은 방법이다. 중국 현지화와 시장개척은 외국인이 진행하기에는 경제적인 요소뿐만 아니라 정치적인 위험도 많다. 조인트벤처는 이를 극복하는 것이 될 수 있다. 앞선 기술과 노하우를 가지고 유사한 시장에 진출한 중국 기업을 조인트벤처 파트너로 물색해 보기를 권한다. 장기적으로 우리나라 기업들이 중국에 진출해 경쟁력을 높이기 위해서는 중국의 BAT와 스타트업 생태계에서 어떻게 해서든지 연결고리를 만드는 것이 유리하다. 가장 좋은 연결고리는 투자유치라고 볼 수 있다. 최근 BAT도 한국의 경쟁력 있는 기업에 대해 높은 관심을 보이고 있다. 적극적으로 제안하고 경쟁력을 키워간다면 분명 기회는 온다.

하지만 늘 기본적인 조건으로 삼아야 할 것은 한국 시장에서의 경험과 성공이다. 국내에서 경쟁력이 없는 기업이 중국 시장에 진출해 경쟁우위를 갖는 것은 사실상 불가능하다. 국내에서 경쟁우위를 만든 후 중국 시장에서 대한 시장조사를 철저히 한 후에 위에서 제시한 방향으로 하나하나 풀어간다면 규모가 10배 이상인 중국 시장도 도전해볼 만하다. 또한 중국 시장을 하나의 큰 덩어리로 본다기보다는 성 단위로 시장을 나눠 단계적으로 접근해야 함도 명심해야 할 사항이다.

동남아시아,
더 이상 만만한 시장이 아니다

미국의 대표적인 1세대 O2O
모바일 기업인 우버는 전 세계의 택시 시장을 흔들며 명실상부한
유니콘 기업으로 자리 잡았다. 3년 전만 하더라도 우버만 있으면
못 다닐 곳이 없었다. 하지만 중국에서 금방 큰 변화가 생겼다. 중
국의 디디추싱이 우버에 완승을 거두고 인수하면서 중국에서 우
버 서비스가 사라진 것이다. 졌다. 우버의 첫 패배는 중국 모바일 기
업들의 빠른 발전 속도와 BAT의 이해관계가 중국에서 얼마나 큰
힘을 발휘하는지 다시 한번 느끼게 해주는 사건이었다.

뒤이어 우버는 동남아시아에서 말레이시아의 스타트업인 그랩을
만나고 두 번째 큰 패배를 맛본다. 말레이시아, 태국, 베트남, 싱가포
르 등 주요 국가에서 시종일관 밀리다가 결국 그랩이 우버를 인수
했다. 물론 여기에는 우버와 그랩에 동시에 투자한 소프트뱅크의
입김이 영향을 미치기도 했지만, 동남아시아 전역에서 시장점유율
은 계속 밀리고 있었다. 말레이시아 스타트업 그랩은 지금 본사를
싱가포르로 옮긴 상태다. 그랩의 승리는 동남아시아 스타트업의 가
능성과 그들의 수준을 보여주는 아주 좋은 사례다.

초기 해외 유학파를 중심으로 시작한 동남아 스타트업 창업은 젊
은 세대 전반으로 저변을 넓히고 있다. 1차 산업 비중이 큰 동남아
특수성에 모바일 기술을 접목하는 방향으로 비즈니스 모델도 다양

해지고 있는데 동남아시아의 스타트업 생태계는 단시간에 그들만의 투자 에코시스템을 만들면서 유니콘 기업을 만들어내고 있다. 동남아시아는 ASEAN으로 10개국이 연합해 효율적으로 시장이 통합되고 있고 소비력을 갖춘 6억 인구 시장은 새로운 서비스를 테스트하는 것뿐만 아니라 빠른 시간에 성장하게 하는 역할도 하고 있다.

싱가포르의 테크 전문매체 테크인아시아는 2017년 동남아 스타트업은 사상 최대인 79억 달러(한화로 약 8조 4,000억 원) 투자를 유치한 것으로 발표했다. 2016년 투자 금액이었던 25억 달러(한화로 약 2조 7,000억 원) 대비 무려 3배 이상 늘어난 수치인 데다가 빠른 성장세를 4~5년째 유지하고 있다. 그랩 외에도 싱가포르의 전자상거래 플랫폼 라자다, 인도네시아의 호출형 오토바이 택시 서비스 고젝 등 기업 가치가 10억 달러를 넘는 '유니콘 스타트업'도 계속 생겨나고 있다.

중국의 장벽이 높다는 정보를 듣고 우리나라 스타트업들이 무모하게 동남아시아로 진출했다가 참패를 당하고 돌아오는 사례를 종종 본다. 매력적인 시장이지만 그만큼 높은 경쟁력을 갖추고 있기 때문에 전략적으로 접근해야 한다. 특히 서비스나 제품 개발 원가가 낮은 분야에 장점을 가지고 있기 때문에 경험적인 우위만을 내세워 접근하면 쉽게 따라잡힐 수 있다. 또한 현지화에 있어서 우리나라와 다른 문화의 차이를 줄여가느라 시간 낭비를 하는 경우도 많다. 이런 시행착오를 줄이는 방법은 현지 엑셀러레이터나 동남아시아에서의 경험을 가진 엑셀러레이터의 투자와 협력을 통해 극복하는 것이다.

해외 스타트업을 위한
인바운드 엑셀러레이팅의 중요성

인도에 방문하면 현대자동차의 모델들을 많이 볼 수 있다. 반가운 마음에 "현대자동차가 한국 기업이다"라고 말하면 인도인들은 화를 낸다. 그들의 말로는, 현대자동차는 인도기업이라는 것이다. 실제 현대자동차는 인도에 자회사를 두고 인도 시장뿐만 아니라 유럽에 수출하는 대부분을 생산하고 있다. 많은 인도인을 고용하고 또 인도경제에 좋은 영향을 미치고 있다. 여기서 우리는 좋은 힌트를 얻을 수 있다. 우리나라 스타트업들이 해외에 진출하는 것도 중요하지만 해외의 기업들도 우리나라에 진출해 많은 한국인을 고용하고 한국경제에 좋은 영향을 끼치는 것도 역시 중요하다.

그런 의미에서 중소벤처기업부와 NIPA가 진행하는 'K-스타트업 그랜드 챌린지 사업'의 성과는 주목할 만하다. 전 세계적인 한류의 열풍 속에서 2016년부터 한국 시장에 진출하려고 이 사업에 신청한 기업 수는 약 5,700개에 달한다. 그중 현재까지 169개 해외 스타트업을 선발해 지원하고 있다. 2017년까지의 성과를 분석해 보면

41개의 기업이 국내 법인을 설립했고 392억 원의 투자와 94명의 한국인 고용이 이뤄졌다. 계약 체결 등의 비즈니스 발생 건수는 403건에 이른다. 이제 시작하는 기업들이기 때문에 지속적 관리가 이뤄진다면 수십 배의 성장 속도를 보여줄 수 있다.

몇 개의 사례를 살펴보면 홍콩 스타트업인 트래블플랜은 AI 기반의 여행 챗봇 서비스로 이 프로그램에 참여했다. 현재 월 사용자 50만 명을 기록하고 35억 원 투자유치를 달성했다. 아시아나, 제주항공, 중국동방항공, 티웨이, 홍콩 에어라인 등 14개 여행 관련 기업과 파트너를 맺은 상태고 여행사 챗봇 서비스 부문 1위로 평가받고 있다. 고용 성과로는 한국인 개발자 14명을 채용해 동북아시아 전역 서비스의 핵심 개발을 수행하고 있다.

인도기업 툴라이트는 AI 및 머신러닝 기반의 모바일 영업 자동화 시스템 SFA를 개발한 기업이다. 삼성 인도법인, GE healthcare, MRF Tyres, TATA 등 25개 이상의 기업이 툴라이트 소프트웨어를 사용 중이다. 영업 자동화 솔루션인 SaaS^{Software as a Service}를 신세계가 한국 독점파트너로서 이용하고 있으며 이마트, 스타벅스 등 신세계 전 가맹점에 해당 솔루션 도입시키고 있다. 5만 달러 이상 매출 달성했고 한국인 관리직들을 채용해 나가고 있다.

미국의 스타트업 베어로보틱스는 서빙 및 배달 로봇을 개발하는 기업이다. 음식을 나르는 레스토랑 서빙 로봇 페니를 개발한 적이 있으며 다양한 배달 서비스가 가능한 로봇을 개발해 시장을 개척하고 있다. 국내 스타트업 '우아한형제들'로부터 200만 달러 투자를 유치했고 '배달의민족'과 연계해 배달용 이동 로봇 개발을 진행할 예정이다.

싱가포르의 기업 이글루홈은 모바일 및 블루투스 기반의 도어락 시스템 제조 및 판매한다. 전 세계 80개국에서 2만 건 이상의 주문을 받았으며 인시그니아 벤처파트너스, 필립 프라이빗 에쿼티, X 캐피탈 벤처스 등에서 44억 원의 투자를 유치했다. 에어비앤비와 글로벌 파트너십을 체결했고, 아마존과 홈디포 등 30개의 유통 기업을 통해 제품을 판매 중이다. 이처럼 2년 남짓한 성과에서도 볼 수 있지만 해외 스타트업의 인바운드 엑셀러레이팅 사업은 기업들이 관심을 가지고 본격화해볼 필요가 있다.

스타트업 엑셀러레이터의 해외진출, 일본을 벤치마킹하자

일본 기업 사이버에이전트가 2015년 전에 투자한 한국 스타트업 기업들은 현재 우리나라의 스타트업 생태계에서 상당히 중요한 기업들이 되었다. 카카오, 우아한형제들, 김기사 등 유명 기업들의 초기 투자를 진행했고 투자회수에도 상당한 규모로 성공했다. 사이버에이전트가 한국의 2차 벤처붐, 즉 2010년 이후 스타트업 창업 활성화에 어느 정도의 역할을한 것은 부인할 수 없다. 그만큼 수익도 내었고, 투자한 스타트업 기업들의 일본 진출 등을 돕기도 했다.

2018년 7월 16일, 17일 양일에 걸쳐 필리핀 마닐라에서는 글로벌 스타트업 콘퍼런스 행사 이그나이트가 열렸다. 필리핀에서 열리기는 했지만 이그나이트는 일본 자본에 의한 콘퍼런스였다. 일본의 엑셀러레이터인 테크쉐이크와 일본의 글로벌 마케팅회사인 덴쓰가 주최했고 다른 일본 투자회사들도 참여했다. 나는 그 행사에 연사演士로 참여한 덕분에 동아시아 스타트업들과 교류할 기회가 있었다. 반 이상이 필리핀 스타트업들이었는데 그들은 일본의 엑셀러레이터들과의 협업 및 투자유치 등에 대해서는 이미 익숙한 것 같았다. 오히려 한국의 엑셀러레이터와는 첫 미팅이라는 이야기를 많이 들었다. 그동안 강연을 할 때 한국의 스타트업 기업가 정신과 스타트업 에코시스템에 대해 홍보를 했지만, 그 행사를 주최한 일본 기업들이 주는 영향력과 견주기는 어려웠다.

이그나이트 행사에서 마주친 한 모더레이터는 필리핀인 조이 회장이라는 분이었다. 조이 회장은 필리핀 IT 1세대로서 일찍이 대학을 미국으로 진학해 애플에 입사해 매킨토시를 개발에 참여했다. 또, 이후 마이크로소프트에서 엑셀 소프트웨어를 개발하기도 해 필리핀의 IT 영웅으로 꼽히고 있다. 조이 회장은 마이크로소프트를 퇴사하고 필리핀의 소프트웨어 산업의 발전을 위해 귀국 후 지금까지 5개의 벤처기업을 만들고 키워낸 필리핀의 입지전적인 인물이다. 이틀 간 필리핀의 스타트업 생태계에 대해 많은 이야기를 나누었는데, 일본 투자자들의 역할이 상당했다는 것을 알았다. 심지어 조이 회장마저도 일본 엑셀러레이터들의 도움으로 다양한 스타트업 강연을 하게 되었다는 것도 들었다.

최근 일본 소프트뱅크는 동아시아의 유니콘 기업에 투자해 지속적인 발전을 하고 있다. 알리바바에도 투자했고 아시아 우버와 그랩에 동시에 투자해 그랩의 우버 인수에 주도적인 역할을 했다. 일본은 스타트업 투자 양성 생태계에 있어서 초기 투자와 유니콘 기업에 대한 대자본 투자 등의 국가적인 글로벌 프로세스를 갖추었다고 해도 과언이 아니다. 심지어 그 프로세스는 한국의 스타트업 생태계에도 영향을 미치고 있다. 세상은 더 빠른 속도로 변해갈 것이고 그 속도만큼이나 초기 스타트업을 투자하고 양성해 나가는 것이 중요하다. 한국의 엑셀러레이터들이 동아시아 스타트업 투자의 주류로 자리 잡기를 기대해 본다.

다양한 투자기회를 제공하는
베트남 스타트업 기업들

2015년에 만난 베트남 스타트업 토피카이 3년 동안 이룬 성장은 매우 놀라운 수준이었다. 매출 규모는 국내 상장사급으로 성장했고 이미 태국에 진출해 온라인 영어교육 시장의 선두권을 달리고 있었다. 그동안 베트남에서는 메신저로 페이스북 메신저나 왓츠앱 등을 이용하면 문제가 없었다. 하지만 이제는 반드시 베트남 현지 채팅애플리케이션 잘로를 사용해야 한다. 잘로는 한국의 카카오톡, 중국의 위챗처럼 베트남 대표 채팅 애플리케이션으로서 자리를 잡았고 현지 시장점유율은 80%에 달한다. 또한, 채팅은 물론이고 소셜미디어, 음악, 게임 등 다양한 부가 기능도 제공한다.

베트남에 가면 우선 사람들이 젊다는 것이 느껴진다. 베트남의 평균 연령은 30세로, 현지 여론조사에 따르면 20~30대의 반 이상이 창업에 대한 꿈을 품고 있다고 한다. 베트남 정부의 스타트업 육성 정책은 한국과 비교할 수 없이 열악하지만, 그 열정과 도전정신은 결코 밀리지 않는다. 오히려 정부의 스타트업 지원이 열악하다는 것이 외국의 스타트업 투자자들에게는 좋은 기회를 제공하기도 한다. 젊은 사람들이 많고 저렴한 인건비 때문에 모든 서비스는 쉽게 경쟁력을 갖춘다. 베트남의 현지 시급은 아직 한화로 약 1,000원이다. 1억 인구에 내수 시장이 크고, 소득에 비해 사람들의 씀씀이도 크다. 중국이 한참 발전할 때의 모습을 보는 것 같다. 잘로 외에도 이미 몇 개의 유니콘 기업들이 있다.

베트남을 대표하는 스타트업 중 빼놓을 수 없는 기업으로는 모모가 있다. 베트남 대표 모바일 결제 애플리케이션으로 꼽히고 있는 모모는 2007년에 설립되었다. 2013년 골드만삭스, 2016년 스탠다드차디드은행으로부터 각각 575만 달러, 2,800만 달러를 투자받았고, 현재는 베트남 PG 및 전자지갑 시장 점유율 1위를 지키고 있다. 500만 명의 고객을 기반으로, 다양한 핀테크 서비스를 발전시켜 나가고 있다. 통신비, 수도세, 전기세 등 공과금 납부도 가능하고 각종 표 예매도 가능하다. 잘로가 중국의 텐센트와 같은 역할을 한다면 모모는 중국의 알리바바를 벤치마킹하며 성장해 나가고 있다.

한국에 네이버가, 중국에 바이두가 있다면 베트남에는 베트남어 전용 웹브라우저 꼭꼭이 비슷한 위치를 잡으려고 노력하고 있다. 꼭꼭은 베트남 최대의 인터넷 웹브라우저 회사다. 동접 2,200만 명 이상의 성적을 보유한 최대의 디지털 광고 플랫폼이기도 하다. 꼭꼭은 베트남어의 6개 성조에 따른 단어 자동완성, 단어 자동추천, 맞춤법 검사 등의 유용한 기능을 제공하며 별도의 소프트웨어 설치 없이 음악, 영화 등 스트리밍 서비스도 제공하고 있다. 우리나라 스타트업이 단독으로 베트남 시장을 개척하려 하면 현지의 우수한 스타트업들과 만만치 않은 경쟁을 거쳐야 할 것이다. 차라리 현지 스타트업들과의 협력이나 조인트벤처 설립을 권한다. 한국의 투자자들에게도 현재 베트남 스타트업 투자는 적기라고 말하고 싶다.

지역균형 발전에 기반한 스타트업 기업 양성, 스위스를 벤치마킹하자

삼성전자의 스타트업 투자펀드 삼성넥스트가 얼마 전 스위스의 비키퍼라는 스타트업에 투자를 진행했고 이는 세간에 화제가 되었다. 2012년 창업한 비키퍼는 유통, 운송, 제조, 건설 등 여러 분야에서 현장 근로자들의 소통 및 업무 관리 애플리케이션을 개발했다. 이 말고도 스위스의 스타트업들은 로봇 분야에서도 두각을 나타내고 있다.

2011년에 스위스에서 설립된 에코로보틱스는 농부들이 보다 효과적이고 지속가능한 제초제를 통해 건강한 농작물을 수확할 수 있게 해주는 자율 로봇을 개발했다. 에코로보틱스의 제초 로봇은 태양열로 작동하며 운전자 없이 12시간 동안 잡초를 제거한다. 탁구대 위에 막대기가 달린 듯한 모습의 이 로봇은 AI, 카메라, 그리고 두 개의 로봇 팔을 통해 잡초에만 제초제를 살포한다. 작물을 제외하고 살포하기 때문에 전체를 살포하는 기존 방법보다 제초제가 20배 적게 든다. 이 회사는 유럽에서 파일럿 프로젝트를 수행하고 2018년 5월 1,070만 달러(한화로 약 114억 원)의 시리즈B 자금을 확보했다. 이를 기반으로 수십 억 달러 규모에 달하는 세계 제초 시장을 향해 도전적으로 사업을 진행하고 있는 셈이다. 에코로보틱스뿐만 아니라 스위스는 농업 분야 각지에서 선제적으로 스타트업들이 로봇을 개발하고 있다. 스위스의 주요 농업 중의 하나인 감자 농사에서도 이미 로봇이 감자를 캐고 밭을 가는 것을 동시에 하고 있다. 인력이 들어가는 농업대비 원가경쟁우위를 확보해 성공한 사례라 할 수 있다.

농축산업에 있어서 스위스는 이미 창업 경쟁력을 갖추고 있다. 정부의 도움 없이 쉽게 창업이 가능하고 손익분기점에도 쉽게 도달한다. 그 이면에는 로봇 기술을 포함한 다양한 자동화에 대한 연구가 있다. 창업 분위기 자체가 여유가 있고 성공률도 상대적으로 높다. 농업 외에도 생활 속에서 많은 로봇 적용사례를 찾을 수 있다. 이미 스키, 레저 등에 이미 로봇이 도입되어 고임금 구조의 사회구조에서도 적절한 요금의 서비스를 유지하고 있다. 또한 독일의 아우디도 스위스 스타트업 누니와 공동 개발한 하체용 외골격 로봇을 시범 운용하고 있다.

인구 850만의 스위스는 전국 각지에 그 인구가 고루 분포되어 있다. 인구가 가장 많은 도시인 취리히가 40만인 것을 보면 지역분산구조가 얼마나 고른지 알 수 있다. 로봇 분야 외에도 다양한 스타트업 양성이 스위스 곳곳에서 이뤄지고 있다. 이미 취리히, 베른, 로잔, 루체른 등의 도시들은 다양한 스타트업 콘퍼런스의 중심지로 자리 잡았다. 스타트업 생태계도 분산되어 있고 도시별도 각기 다른 분야로 강하다. 2018년 4월, 인구수가 20만도 되지 않는 도시 로잔에서는 전 세계 65개 국가의 스타트업이 참가한 제5회 씨드스타즈 서밋 2018이 열려 화제가 되었다. 다보스포럼의 영향인지 전국 각지의 스타트업 포럼도 수준 높다. 로잔에서 멀지 않은 거리에 네슬레가 위치한 뷔베가 있다. 뷔베는 인구수가 10만도 되지 않지만 네슬레 본사가 위치해 있고 이를 중심으로 푸드테크 스타트업들이 발전하고 있다.

스위스는 중립국인 만큼 시장 확장의 기회가 높다. 지역적으로도 유럽 시장진출의 요충지로서 유럽의 큰 시장인 독일, 프랑스, 이탈리아의 중심에 위치해 있다. 취리히는 독일, 프랑스, 이탈리아 소통 육로의 중심지의 역할을 오랫동안 해온 도시이기도 하다. 이러한 장점을 가지고 높은 임금, 짧은 근무시간 기반의 미래 AI 시대에 대비한 스타트업 육성 선행모델을 진정으로 실현해 나가는 국가는 스위스가 아닌가 싶다.

태국 스타트업 동향과
한국 스타트업 진출 전략

2018년 태국 방콕에서는 테크 소스 글로벗 서밋 2018이 열렸다. 테크스타스 창립자이자 공동 CEO인 데이비드 브라운, UNDP 수석 영향 담당자 데이비드 갈리포, 에스토니아 전 총리 타비 로이바스, 미국의 디자인 이노베이션 기업 IDEO의 마이크 펑 등 전 세계 250명의 유명인사가 참가해 혁신기술에 대한 발표와 패널 토의가 열렸고 수천 명의 스타트업 관계자들이 참여했다. '테크 소스'는 동남아시아 혁신기술 교류를 선도하는 전시 중 하나로 이번 행사에서는 푸드테크, 생활 테크, 핀테크, 블록체닝, AI 등의 분야를 중심으로 전문가들의 세미나와 기술 토론, 참가기업들의 비즈니스 매칭과 스타트업 중심의 전시가 진행되었다. 이 행사의 규모만 보더라도 태국 스타트업의 열기가 얼마나 뜨거운지 알 수 있다.

태국 현지 O2O 기업 중 가장 주목받는 스타트업 중의 하나는 옹나이인데 대표적 푸드 미디어 스타트업으로서 맛집 및 기타 리테일 샵 콘텐츠 미디어를 제공하고 있다. 1,000만 애플리케이션 다운로드를 이미 달성했고 라인맨 푸드 미디어 파트너로 지정 되어있다. 그외 요즘 주목받는 기업은 핀테크 기업인 오미세고이다. 오미세고는 태국의 방콕일본인 하세가와 준과 도니 헤린셧에 의해 설립된 스타트업이다. 시작은 PG 회사였지만 리버스 ICO$^{Initial\ Coin\ Offering}$에 성공했다. 태국에서 ICO 관련 법안들이 정비되면서 ICO가 합법화 되자 오미세고는 최고의 수혜자로 주목받은 것이다.

오미세고는 2017년 ICO에서 2,500만 달러를 유치했고 현재 ERC20$^{Ethereum\ Request\ for\ Comments\ 20}$ 토큰 중 변동적이기는 하지만 3번째로 가장 높은 가치인 20억 달러를 이상을 이룩한 바 있다. 오미세고는 태국 정부의 디지털 경제 행사인 디지털 태국 빅뱅 2017에서 태국 부총리 쁘라윳 짠오차에게부터 올해의 디지털 회사 상을 받았다. 오미세고는 오픈소스 퍼블릭 블록체인인 이더리움 위에서 생성된 오픈 결제 플랫폼이면서 탈중앙화 거래소이기도 하다. 이 프로젝트의 슬로건은 "은행에서 벗어나기$^{Unbank\ the\ Banked}$"고 전통적인 은행 시스템을 이용하는 사람과 은행 시스템의 인프라가 없는 개발도상지역의 사람을 포함한 모두에게 더 나은 금융 서비스를 제공하기 위한 목표를 뜻한다.

한국에서 카카오톡 메신저를 쓰듯이 태국에서는 라인 메신저를 쓴다. 라인 역시 네이버에 속한 기업이고 한국 소프트웨어 플랫폼의 해외 진출의 대표적인 성공사례다. 라인이 제공하는 서비스는 카카오가 한국에 제공하는 대부분의 서비스를 포함하고 있으며 많은 O2O 서비스에 큰 영향을 미치고 있기도 하다. 특히 라인의 음식 배달 서비스인 라인맨은 현재 태국에서 그 분야에서 가장 앞선 서비스로 평가 받는다. 만약 태국에 진출하고자 하는 한국의 O2O 스타트업이 오픈 API 형태로 서비스가 제공되는 라인 플랫폼을 활용한다면, 태국 현지에서 외국기업으로서의 불리함을 극복하며 기술적 신뢰를 쌓을 수 있는 좋은 전략이 될 수 있다. 방콕은 동남아 시장 진출의 교두보로도 삼기에 유리하다. 지역적으로 중앙에 있고 전통적으로 태국 스스로 주변국까지 묶어 바트 문화권이라고 불리는 미얀마, 캄보디아, 라오스 등에도 영향력을 발휘하기 때문에 거점 진출도 용이하다.

덴마크의 스타트업
창업 환경을 벤치마킹하자

북유럽 스타트업 생태계는 아직 우리에게 생소하다. 2018년 9월 27일, 연사로 참석한 덴마크 코펜하겐에서 열린 '코펜하겐 경영대학원Copenhagen Business School, CBS 기업가의 날 2018'의 열기는 예상보다 뜨거웠다. CBS에는 스타트업 양성을 위한 전문 커리큘럼이 있고, 매년 개최하는 이 행사를 개최하기도 한다. 2018년에는 약 50개 스타트업이 참여했고, 현지에서 만난 한국 유학생으로부터 스타트업 창업을 위해 독일에서 코펜하겐으로 옮겨 왔다는 이야기를 듣고 놀랐다. 다른 스타트업과도 짧게나마 미팅을 가졌는데 전통적으로 덴마크가 강한 식품 가공뿐만 아니라 큐레이션, 로봇 분야에서도 아주 돋보였다.

대표적인 사례 두 개를 살펴보자. 투굿투고Too Good To go는 등록된 음식점에서 음식이 남았을 때 할인을 해주는 라스트오더 서비스를 최근 선보였다. 소비자는 라스트오더에 접속하기만 하면 동네음식점의 할인 현황을 볼 수 있다. 약 3유로에 등록 음식점의 마감할인 음식을 먹을 수 있는 서비스다.

또, "강하고 빠르고 단순하다"라는 모토 아래 2014년에 설립된 카소로봇은 업계에서 유일하게 7축 산업용 경량 로봇을 개발한 기업이다. 이 로봇의 강점은 가볍고 강력하고 빠르며 작은 공간에서 사용하기에 적합하다는 것이다. 카소로봇은 로봇의 사용자 친화형 인터페이스가 비즈니스에 유연성을 제공하고, 자체 로봇 전문가가 없는 중소기업도 효율적인 비용으로 복잡한 자동화 및 프로그래밍을 달성할 수 있도록 돕는다.

이처럼 성공적인 스타트업들을 보유한 덴마크의 스타트업 창업 환경이 가진 장점 두 가지를 꼽는다면 교육정책과 기업정책을 들 수 있다. 우선, 덴마크의 교육정책은 학생들로 하여금 자신의 적성에 맞춰 스스로 진로를 설계하고, 고등학교를 고를 수 있다. 대학교에 진학해 의사나 변호사가 되고 싶다면 일반계 고등학교를 가면 된다. 이들은 고등교육 과정에 필요한 폭넓은 지식을 습득한다. 목수나 용접공 같은 일을 꿈꾼다면 기술학교를 택하면 된다. 이들은 실습 위주의 교과 과정을 거친다. 실전 기술을 배운 이들은 대부분 곧바로 직업을 가진다. 경영자가 되고 싶다면 상업학교에 간다. 상업학교는 외국어, 경영, 회계 등 회사 경영에 필요한 실용적인 교과 과정을 제공한다. 전공으로 고른 외국어에 따라 해당 국가로 교환 학생을 다녀오는 프로그램도 있다.

덴마크는 사회적으로 기술직을 높게 평가한다. 특히 현장에서 오랜 경험을 쌓은 기술직 노동자는 전문직 종사자 못지않은 존경을 받는다. 이 때문에 많은 학생이 대학에 진학하기보다 고등학교 과정을 마치고 곧장 사회생활을 시작한다. 덴마크 대학 진학률은 40%로 우리나라에 비해 낮다. 대학에 가지 않아도 충분히 대접 받아가며 먹고살 수 있으니, 과열된 입시 경쟁에 고민할 필요도 없다.

2018년 9월 16일 경제지 포브스가 기업을 경영하기 좋은 나라의 순위를 발표했다. 144개의 국가를 재산권, 혁신, 세금, 기술, 부패, 자유, 관료주의, 투자자 보호, 주식시장 실적 등 11개 항목으로 평가했다. 1위는 2017년에 이어 2년 연속 덴마크가 차지했다. 포브스는 덴마크가 개인 세금 부담률이 가장 높은 나라지만 기업을 경영하기에는 가장 좋은 여건을 갖추고 있다고 평가했다. 경영 자유가 보장되고 부정부패가 없다는 점이 덴마크를 1등으로 만들었다. 규제가 효율적이고 투명하다는 점도 순위를 끌어올린 요소였다.

덴마크는 법인세율이 낮다. 2018년 23.5%인 법인세율을 2019년에는 22%까지 끌어내리는 걸 목표로 삼고 있다. 법인세를 내리는 국제 추세에 발맞추는 것은 물론 외국인 투자를 유치할 만한 환경을 조성하려는 조치다. 법인세는 미국, 프랑스, 독일보다 낮다. 복지 제도를 국가가 운영하기 때문에 기업이 인건비 외에 따로 부담해야 하는 복지비용이 없다.

외국인이 투자하기도 편하다. 사실 덴마크에는 외국인 투자라는 개념이 희박하다. 덴마크 정부는 외국인 투자를 차별하거나 제한하지 않기 때문이다. 투자 분야에도 제한이 없다. 뒤집어 말하면 덴마크에 투자한 외국 기업에 특혜를 주는 제도도 없다. 부동산을 매입하거나 금융 자산을 확보하는 일에도 덴마크 기업과 동일한 법인세율이 적용된다. 제도로는 외국인 투자나 내국인 투자나 같다는 얘기다.

스웨덴 말뫼, 조선업의 눈물을 스타트업의 희망으로 승화하다

2018년 10월 1일 코펜하겐에서의 강연과 스타트업 네트워킹을 마치고 스웨덴의 말뫼로 향했다. 말뫼는 코펜하겐에서 기차로 단 30분 거리에 있는 도시로, 중간에 입국 심사도 없고 심지어 여권 검사도 없었다. 놀랄 만한 것은 출퇴근 시간에 기차 안이 가득 차 있었다는 것이다. 실제로 덴마크와 스웨덴 사람들은 상대적으로 물가가 낮은 말뫼에서 코펜하겐으로 출퇴근을 하고 있었다. 출근길 인파에는 IT 스타트업 기업에서 코펜하겐으로 영업을 하러 오는 사람들도 다수 포함되어 있었다. 말뫼는 관광지로도 유명한 곳이지만 IT 스타트업 단지와 식품 산업단지, 그리고 바이오 산업단지로 매우 유명한 곳이다. 스타트업에 관심이 많은 나는 당연히 이들 단지를 샅샅이 둘러보았다. 처음 눈에 띈 것이 IBM 로고였고 쉽게 유명한 IT 기업들의 로고를 찾을 수 있었다. 해변의 빨간 건물 안에는 수많은 스타트업 오피스가 자리를 잡고 다들 무언가를 열심히 하고 있었다. 그런데 단지 모양이 참 이상하게 보였다. 마치 바다 위에 큰 공장들을 개조한 느낌이었다. 현재 말뫼와 코펜하겐 중심으로 형성된 식품 산업단지인 '외레순 클러스터' 그리고 세계적인 바이오 및 제약 산업 클러스터인 '메디콘밸리'가 이곳의 현재 이곳의 핵심 산업이다. 코쿰스 조선소 본사가 있던 빨간 벽돌 건물은 500개의 IT 스타트업 기업이 입주해 있는 '미디어 에볼루션 시티'로 변신했다. 조선소 터에는 말뫼 대학과 세계해사대학이 들어섰다.

그곳의 역사가 너무 궁금한 나머지 많은 관계자를 찾아 만나서 인터뷰를 하게 되었고 말뫼가 1900년대 중후반 북유럽의 조선업을 대표하는 곳이었음을 사실을 알고 큰 충격을 받았다. 80년대 들어 쇠락의 길을 걷다가 1986년 코쿰스 조선소가 문을 닫은 후 실업률이 22%까지 치솟았고 이후 1990년대 초반에 조선소에서 해고당한 실업자는 모두 2만 8,000명이었다. 말뫼 거리는 실업자로 넘쳐났고 희망이 없는 도시가 되었다. 25년 만에 희망이 없는 도시가 3개 산업단지의 메카로 떠오르며 활기 넘치는 도시가 될 수 있었던 원동력은 사실 민간의 노력보다는 스웨덴 정부의 계획과 실행력의 성공이었다고 볼 수 있다.

말뫼는 중앙정부에서 2억 5,000만 크로나(한화로 약 312억 원)를 지원받아 2002년 조선소 터를 매입해 청정에너지로 운영되는 친환경 뉴타운을 개발했다. 2005년에는 이전 조선업 크레인이 있던 장소에 스칸디나비아반도에서 가장 높은 54층 '터닝 토르소'를 건축해 대표적인 랜드마크로 만들었다. 2000년엔 덴마크 수도 코펜하겐과 바다를 건너 연결된 7.8km의 외레순 대교가 개통되었는데 덕분에 말뫼는 코펜하겐과 광역 지하철 생활권이 되었다. 다리가 놓이자 상대적으로 물가가 싼 말뫼에 거주하면서 코펜하겐으로 출퇴근하려는 덴마크 사람들이 몰려들었다. 조선소가 문을 닫고 23만 명까지 줄었던 말뫼의 인구는 현재 30만 명 이상으로 다시 늘어났다.

2002년 9월 25일 수십 년간 말뫼의 랜드마크였던 138m 높이의 코쿰스 조선소 크레인이 현대중공업에 단돈 1달러에 팔렸다. 세계 언론에서 '말뫼의 눈물'로 불린 이 크레인은 이후 울산에서 붉은색 페인트칠로 다시 태어나 한국의 조선업을 세계 1위로 만드는 데 크게 기여했다. 하지만 15년 전 울산으로 실려 왔던 이 크레인은 지금 가동을 멈춘 상태다. 조선업황이 회복하지 않는 이상, 이 크레인은 중국으로 실려 갈 지도 모른다. 울산만이 아니라 통영, 거제 모두 비슷한 상황이다. 우리 3개 도시 모두 말뫼를 벤치마킹하며 현재 한국이 필요로 하는 사업의 스타트업 육성 메카로 다시 떠오르는 그날을 기대해 본다.

싱가포르,
해외 스타트업 진출에 최적화된 국가 시스템

우버를 이긴 동남아시아의 글로벌 기업 그랩이 본사를 싱가포르로 본사를 옮긴 것은 앞서 얘기했다. 스타트업들이 규모를 키워나갈 때 싱가포르로 본사를 옮기는 경우가 많은데 싱가포르가 동남아시아의 경제적으로 지역적으로 중심역할을 하는 도시국가이기 때문이다. GDP 8만 1,500달러, 투자 잠재력 전 세계 2위, 3,500개 글로벌 회사들의 아시아 해드쿼터, 아시아 최고의 인적 재산 보유, 7%의 낮은 법인세 등 우호적인 세금 환경, 투명한 법률 시스템 등이 싱가포르의 글로벌 스타트업 에코 시스템의 촉매제가 되고 있다. 외국계 회사로서 법인을 설립할 때, 중국, 태국, 베트남에서는 그 요건이 까다로워 현지 기업과 조인트벤처를 설립하거나 BOI 등의 별도 라이선스를 취득하는 것이 보통이지만, 싱가포르에서는 단 1달러의 자본만 있으면 별도의 사무실이나 상주 인력이 없어도 법인 설립이 가능하다. 특히 기술 분야의 경우 싱가포르는 태생적인 로컬 기업이 많지 않아 초기 진입장벽이 낮고 싱가포르 정부가 자국 인재 확보와 일자리 창출을 위해 낮은 법인세 등을 내세워 해외 기업 유치에 적극적인 모습을 보여준다.

해외 기업 유치를 위한 싱가포르 정부의 시스템은 탁월하다. 실제로 씨엔티테크도 싱가포르에 진출할 때 현지 대행사를 쓰지 않고 싱가포르 정부 홈페이지를 활용해 다양한 정보를 얻을 수 있었고 어렵지 않게 목적에 맞는 법인을 설립할 수 있었다. 필요한 이들을 위해 다음과 같이 정리했다.

싱가포르 정부	www.gov.sg	다양한 싱가포르 내 산업에 관한 정보
싱가포르 통상산업부	www.mti.gov.sg	무역과 관련된 정보
싱가포르 통계청	www.singstat.gov.sg	각종 통계 정보
싱가포르 경제개발청	www.edb.gov.sg	현지 각종 경제지표 및 트렌드 정보
싱가포르 혁신청	www.spring.gov.sg	사업에 필요한 영역별 정보
싱가포르 중소기업 포탈	www.smeportal.sg	사업에 대한 정부 지원정책 정보
싱가포르 지식재산청	www.ipos.gov.sg	법인등록, 사업장신고 등에 관한 정보

싱가포르의 560만 명 중 외국인이 40%다. 인구의 구성도 중국계가 74%고 그외 말레이계와 인도계가 합쳐 21%, 그리고 나머지는 다국적 구성이다. 사실 싱가포르 EP 비자를 가지고 있는 나도 싱가포르 인구에 포함된다. 쓰는 언어도 영어, 중국어, 발레이어, 타밀

어, 4개 국어를 싱가포르 국어로 인정하기 때문에 해외 스타트업들에게는 의사소통이 쉽고 문화적으로도 개방되어 있어 불편함이 덜하다. 또한 여러 다국적 기업들의 여러 아시아 지사가 위치하고 있기 때문에 글로벌 자본의 투자유치가 용이하다. 금융과 기술적 인프라가 잘 구축되어 있고 다른 동남아 국가로의 진출도 편하다. 한국과 비슷한 평년 기온, 안정적인 정치 중립국, 법질서 준수문화 또한 싱가포르의 장점이라 말할 수 있다. 싱가포르는 전통적으로 금융서비스, 소규모 제조, IT, 바이오메디컬, 오일 및 가스 분야가 집중 육성 산업이며, 특히 금융서비스는 아시아 최고의 시스템으로 꼽힌다.

초기 기업은 싱가포르 현지 투자유치가 상당히 유리하다. 관련 정부 투자 기관만 약 10개에 달한다. 현재 싱가포르에 대한 투자 현황을 살펴보면 대부분 초기 창업비용과 시리즈A 단계에서 많이 이뤄지고 있고 싱가포르 VC들은 초기 스타트업들에게 전략적 투자자로서의 역할로서의 포지셔닝을 많이 하고 있다. 이러한 투자환경 때문에 지난 2016년에는 4,300개의 테크 기업이 창업했다.

물론 장점만 있는 것은 아니다. 기술 인력 공급이 많지 않아 인력 충원에 많은 비용이 든다. 자국 시장 규모가 크지 않고 체류비도 높은 편이다. 시리즈B 이후 단계에 대한 투자가 활발하지 않은 것도 단점이다. 장단점이 뚜렷한 만큼, 신중한 고민을 가져야 할 것이다.

한국 시장을 개척하는
해외 스타트업들의 도전

　　　　　　　　　　　　　　유망한 해외 스타트업들이
우리나라에 진출해서 한국인을 많이 고용하고 한국 경제에도 기여
하도록 하는 인바운드형 엑셀러레이터 활성화 정책의 중요성을 앞
에서도 강조한 바 있다. 중소벤처기업부와 정보통신산업진흥원이
진행하는 K-스타트업 그랜드 챌린지 사업에서는 한국 시장 진출을
위해 7,495개의 기업이 신청했고 그중 249개 해외 스타트업을 선발
해 지원하고 있다. 이번 2018 K-스타트업 그랜드 챌린지에 선정된
기업 중 한국 시장에 성공적으로 정착하고 있는 스타트업들을 소
개해 보고자 한다.

베트남 스타트업 엑스태이프로는 해외 물품 구매를 원하는 소비자
와 해당 물품을 구매할 수 있는 경로로 이동하는 여행자를 연결해
주는 서비스 플랫폼으로, 3만 명 이상의 사용자가 아시아권역을 기
반으로 활발히 활동 중이다. 한국에서도 많은 회원을 확보하고 있
다. 스위스 스타트업인 씨하우는 식품 제조의 이력 및 배송 현황을
공급자가 영상 및 각종 콘텐츠를 통해 공개하고, 소비자는 해당 정
보를 통해 구매한 식품에 대한 신뢰성 있는 정보를 편리하게 확인
할 수 있는 서비스이다. 특히 이력이 조작이 불가능하도록 폐쇄형
블록체인 기술을 도입한 것이 특징인데, 국내 외식 관련 대기업들
과 미팅을 진행하고 있다. 벨기에 스타트업인 퓨어벨류유럽은 매장

내 홍보용 매대 스마트 디스플레이 프로테우스를 통해 다양한 규격의 제품을 진열하고 IoT 기술을 통해 매장 진열 상품의 각종 데이터 즉 온도, 장소, 재고상황 등을 확인하고 관리할 수 있는 프로덕트 솔루션을 제공한다. 이미 국내 대형 마트들과 도입에 대한 구체적인 논의가 이뤄지고 있다.

홍콩 스타트업인 리빈팜스는 식품 시장의 육류 단백질을 대체하기 위해 곤충에서 필요한 성분을 추출해 다양한 대체 식품을 개발하기 위한 곤충 사육 디바이스를 제공하며 곤충들을 활용한 단백질 음식을 가공해 판매하는 비즈니스 모델을 가진 기업이다. 이미 크라우드펀딩을 통해서 국내에도 판매가 진행되고 있다. 대만기업인 마인드앤아이디어플라이는 전문 프로그래밍 지식이 없어도 누구나 쉽게 AR 모바일 애플리케이션을 만들거나 VR, AR 관련 콘텐츠의 편집 및 제작이 가능하도록 도와주는 오픈 플랫폼이다. 국내의 웹 에이전시들과 미팅을 진행했고 매출 역시 눈에 띄고 있다. 필리핀 기업인 엑소라테크놀로지는 에너지 관련 입찰 플랫폼으로 전기 공급자와 수요자를 블라인드 입찰로 연결해 기업들이 적은 비용으로 전력을 공급받을 수 있게 하는 플랫폼이다. 국내에서는 바로 적용시키기 어려운 비즈니스 모델이지만 3개월간 현지화를 진행하며 관련 기업들의 러브콜을 받고 있다. 스페인 기업인 엠파티카엑스알은 컨택센터를 대상으로 음성 데이터를 확보해 상담자 및 고객의 현재 기분, 상황 등을 분석할 수 있는 딥러닝 기반의 음성 인식 및 분석 솔루션을 제공하고 있으며 씨에스쉐어링 등 국내 콜센터 전문기업들에게 성공적인 영업을 진행하고 있다.

앞서 언급한 7개의 스타트업 외에도 전 세계 각지에서 실제 한국 시장 진출을 위해 80개 스타트업이 그랜드 챌린지에 참여했으며, 3 개월간의 치열한 시장 검증 및 사업화를 진행해 왔다. 이에 대한 결과의 장으로 3일간 서울 제2롯데타워 스카이 31에서 이들의 데모데이가 열리기도 했다. 전 세계 열정 있는 스타트업들이 한국에서 어떤 기회를 찾고 앞으로 어떻게 정착해 나갈지 주목해 보길 바란다.

떠오르는 세계 경제의 성장 동력, 아프리카와 한국의 스타트업

떠오르는 세계 경제의 성장 동력인 아프리카에 대한 관심이 증가하고 있다. 이미 유럽의 여러 나라뿐만 아니라 이웃 나라 중국만 하더라도 아프리카에 적극적으로 투자하고 있다. 이러한 투자는 기반 사업에 대한 투자뿐만 아니라 스타트업에 대한 투자로 이어지는 사례도 많다. 동남아 시장에 일본이 많은 기반산업에 투자했고 수년 전부터는 스타트업 생태계에 대한 투자를 집중하고 있는데 이미 동남아시아 스타트업 업계에서의 일본의 영향력은 막강하다. 그랩의 동남아시아 우버 인수를 주도한 것이 일본이라는 사실만 봐도 알 수 있다. 아프리카도 그러한 관점으로 바라본다면 떠오르는 시장에 대한 영향력이나 주도권은 미래 중국이 가져가 공산이 크다.

2018년 12월에는 '기업가 정신을 통한 혁신적 파트너십'을 주제로 한 '한-아프리카 청년 포럼'이 열렸다. 한-아프리카 재단과 함께 아프리카에 대한 이해를 높이고 우리 청년 및 기업인들의 아프리카 진출을 지원이 목적이었다. 국내외 아프리카 전문가를 초청한 이 행사는 주한 아프리카 외교단, 기업인 및 한-아프리카 청년 150명 정도가 참석하고 많은 이들이 아프리카 진출에 대한 큰 관심을 보였다.

본 회의에서는 한국과 아프리카의 스타트업 환경, 아프리카 진출 스타트업 기업 성공 사례, 청년 혁신에 대한 대화를 주제로 발표와 토론이 진행되었다. 필자는 청년 이노베이터 세션의 좌장을 맡아 양자 협력 발전적인 미래 스타트업 생태계에 대한 대화를 이끌어 갔다. 남아공 중소기업개발청 케이프타운 지사장 알렉스 탄디카야 쿤타와 세네갈 CITC 다카르 엑셀러레이터 우세이누 나르 게예는 현재 여러 도전에 직면하고 있는 아프리카야말로 역설적으로 가능성이 무한한 창업환경을 가진 곳임을 강조하면서, 창업 지원에 관한 아프리카 제도, 산업박람회 개최 계획 등을 자세히 소개했다. 현장에서 들었던 아프리카의 상황은 우리가 생각하던 아프리카와는 다른 모습이었다. 남아공의 알렉스 지사장이 말하고자 하는 바는, 아프리카는 기부가 아닌 투자를 원한다는 것이었다. 그만큼 아프리카에서는 이제 이전의 생존 중심 정책이 아닌 성장 위주의 정책들을 중심으로 하고 있다.

세션을 진행하던 중 인도와 필리핀에서 세계적인 경쟁력을 갖춘 BPO^Business Process Outsourcing 소재가 나왔을 때 알렉스 지사장과 우세이누 대표의 발언은 거의 영업 수준이었다. 남아공은 영어 콜센터를, 세네갈은 불어 콜센터를 운영할 수 있으니 언제든지 들어와서 사업을 해달라는 것이었다. 우세이누 대표는 현재 프랑스의 BPO 산업이 모로코로 이동을 했다가 모로코 인건비가 높아지자 세네갈로 이동하고 있다고 강조하면서 세네갈의 BPO 산업 인프라를 적극적으로 홍보했다.

애그리텍처와 스마트그리드 관련 아프리카 스타트업 동향에 대해 토론할 때도 세션은 매우 뜨거웠다. 실제 해외 스타트업들의 기회는 애그리텍처와 스마트그리드 분야에 있음을 알게 되었는데 많은 스타트업이 아프리카의 농업문제와 에너지 문제를 해결하며 기회를 만들어 내고 있었다. 우리나라 스타트업들에게도 충분히 기회가 있을 것으로 보인다. 세션의 패널이었던 이화여대의 송혜원 학생은 애그리텍처 사업계획서를 가지고 수개월 동안 아프리카에 방문해 사업 가능성을 확인하기도 했다고 한다. 또 다른 패널인 니이게나 아돌프 서울대 학생은 르완다에서 유학을 온 장학생이었는데 학업을 마치면 한국에서 역량 있는 젊은이들과 팀빌딩을 해 스타트업을 창업 후 아프리카 시장을 개척하고 싶다는 포부를 밝히기도 했다.

아직은 이른 감이 있지만 머지않아 아프리카는 한국의 스타트업들과 투자자들에게 기회의 땅이 될 것이다. 대한민국의 스타트업들이

내실을 갖춘 후 세계무대를 향해 준비해 간다면 대한민국의 미래
는 희망적이다.

상생을 추구하는
핀란드의 스타트업 생태계

2019년 6월 11일부터 12일까지,
대한민국과 핀란드의 창업교류 및 네트워크 활성화를 위해 '한-핀
스타트업 서밋'이 핀란드 헬싱키에서 열렸다. 행사 전후로 핀란드
스타트업 생태계에 관심이 더 집중되었다. 핀란드는 정부, 학계, 기
업 간 유기적인 협력뿐 아니라 대기업과 스타트업 혹은 스타트업
간에도 비즈니스 노하우를 공유하는 등 경쟁보다는 상생을 추구
한다. 대기업에서 풀기 어려운 문제를 공개하면 젊은 개발자와 연
구자가 소속된 스타트업이 이를 함께 풀어내고자 노력하기도 하고
이런 과정을 통해 스타트업은 투자를 유치하거나 M&A 기회를 얻
기도 한다.

상생의 사례는 최근 눈에 띄게 발전하고 있는 핀란드의 헬스산업에
서도 찾을 수 있다. 2017년 12월, 핀란드 정부는 "인류 미래를 위한
거대한 실험을 시작한다"를 신조로 2023년까지 핀란드 국민 약
10%에 해당하는 50만 명의 유전자를 수집 및 분석하겠다는 핀젠
프로젝트를 발표했다. 2018년 4월 29일에는 의료, 사회 정보의 2차

이용을 허용하는 법률도 제정했다. 이 법에 따라, 핀젠 프로젝트로 축적한 유전자 정보와 그동안 핀란드 정부가 수집해온 국민의 정보를 공공과 민간 모두 연구 목적으로 활용할 수 있게 되었다. 의료, 유전자 정보를 활용할 수 있는 여건이 되자 화이자와 머크 등 글로벌 제약사들은 물론 헬스산업 관련 기업이 핀란드로 적극적으로 진출하고 있고 관련 스타트업도 계속 생겨나고 있다. 이는 핀란드의 상생 정신에서 비롯되었다 하더라도 과언이 아니다.

핀란드는 비록 550만 명의 인구를 가진 작은 나라지만, 이미 세계적인 스타트업들이 여럿 배출해 냈다. 게임 '앵그리 버드'와 '클래시 오브 클랜'으로 대성공을 거둔 로비오와 슈퍼셀, 음악 스트리밍기업 스포티파이 등은 이미 우리에게 친숙한 기업들도 다 핀란드에서 나왔다. 핀란드는 핀테크 영역에서도 강세를 보이고 있다. 페라텀은 빅데이터 분석 알고리즘 신용평가모델 기반으로 모바일 간편 신용대출 및 뱅킹 서비스를 제공하는 기업이다. 독일, 프랑스, 스페인, 폴란드 등 25개국에 서비스를 제공하고 있고 현재 독일 증권 거래소에 상장되어 있다.

매년 말 핀란드의 수도 헬싱키에서는 세계 최대 스타트업 박람회 '슬러시'가 열린다. 2018년 130개국에서 2만 명이 찾은 슬러시의 성공 비결은 핀란드 사회를 관통하는 협업의 가치에 있다. 슬러시의 궁극적인 목표는 스타트업들 간 윈윈win-win을 통한 상생이라 할 수 있다. 슬러시를 이끄는 주체들도 대기업이 아닌 대학생들이다. 노키아 출신에서 루비오를 창업한 피터 베스터바카 등이 슬러시를 처음 만들었지만, 2011년 이후에는 핀란드 알토대학교 창업동아리 '알토에스'에서 탄생한 스타트업 엑셀러레이터 '스타트업 사우나'를 중심으로 슬러시 조직위원회를 구성해 개최하고 있다. 행사의 도우미 2,000명 전원이 자원봉사 대학생들이다. 슬러시를 이끄는 안드레아스 사리 대표와 알렉산더 피흐라이넨 대표도 20대 청년이다. 사리는 1993년생으로 핀란드 알토대학교 학생이며 피흐라이넨은 1990년생으로 2018년 알토대학교를 졸업했다.

핀란드가 한뜻으로 스타트업을 육성하는 배경에는 휴대폰 글로벌 기업인 '노키아'의 몰락이 있다. 노키아는 한때 세계 휴대폰 시장의 40%를 장악하며 핀란드 국내총생산의 24%를 담당했지만, 스마트폰 시장에 대응하지 못해 역사 속으로 사라졌다. 대기업에 의존하던 경제 구조를 스타트업 중심으로 바꾼 핀란드에서 열리는 한-핀 스타트업 서밋을 통해서 상생 기반의 스타트업 생태계를 구축하는 힌트를 얻기 바란다.

이탈리아에서 디자인 콘텐츠 스타트업들의 발전 방향을 찾다(1)

스티브 잡스는 아이폰 등 애플의 제품을 기획할 때 디자인부터 시작했다. 시장의 문제를 해결하는 제품의 형태를 우선 디자인으로 그렸고, 그 다음 기능을 구현해 나갔다. 디자인 크라우드 소싱 플랫폼 구축을 목표로 하는 디자인 제조기업인 이디연은 국내 최대 크라우드펀딩 플랫폼인 와디즈에서 얼마 전 신제품을 선보였다. 기존 제품인 '코르크스피커'의 차세대 버전인 조명을 더하고 조도 조절이 가능한 '코르크라이트'로 크라우드펀딩을 진행했고 펀딩 목표액이었던 300만 원의 1,621% 이상을 달성해 총 4,864만 원을 펀딩 받는데 성공했다. 코르크스피커는 철저하게 디자인으로부터 시작해 기능을 더한 제품으로 볼 수 있다. 소비자들은 기능 이전에 디자인에 열광한다. 16배 이상의 펀딩 성공 사례가 이를 증명하고 있다.

이탈리아는 디자인 산업의 중심지로 세계적인 디자인 트렌드를 선도해왔다. 특히 현재 전자, 첨단 산업의 디자인 트렌드 리서치의 대상이 되고 있는 가구 디자인 시장에 있고 세계 최고의 브랜드 가치를 갖고 있어 과거 삼성전자 이건희 회장이 밀라노 디자인 센터를 설립하고 밀라노 디자인선언을 하기도 했다. 밀라노는 패션, 예술, 전자, 제품, IT 등 첨단 콘텐츠 산업 브랜드들이 매년 참여하는 세계 최대의 디자인 행사 '밀라노 디자인 위크'가 열리는 곳으로, 이탈리아 디자인 산업의 중심이다. 애플, 3M 등 세계적인 기업들도 이곳의 디자인 프로세스를 스터디하며 혁신적인 프로세스, 소재 개발, R&D 등에 필요한 영감을 받는다.

이탈리아의 토리노는 자동차 브랜드 피아트와 슈퍼카를 만들어온 유명 디자이너 주지아로의 이탈디자인이 탄생한 곳이다. 또 이탈리아 최초로 밀봉형 분쇄커피를 제작해 세계적인 커피 브랜드로 성장한 라바짜의 창업 스토리가 있는 곳이기도 하다. 2019년 7월 4일 에서 5일 토리노에 위치한 엑셀러레이터 스타부스트가 데모데이를 개최했다. 이곳에선 푸드, 와인, 스마트파밍, 스포츠, 디자인장인, 패션과 융합한 ICT 스타트업들이 강세를 보였다. 특히 블록체인 이용해서 스포츠 정보 교류를 하는 사업모델은 축구관련 큰 시장을 형성한 유럽에서는 시장성을 현장 투자자들에 의해 인정받기도 했다. 세계적인 이탈리아 디자인 브랜드 카르텔, 마지스, 카펠리니, 모로소, 몰테니 등은 산업적 성공을 넘어 문화 기업으로 성장하며 디자인 아이콘으로 자리를 잡았다. 뉴욕 현대미술관, 파리 퐁피두 센터, 밀라노 트리엔날레 미술관, 영국 디자인 뮤지엄 등 세계 유수의 디자인 뮤지엄에 상당수의 디자인 제품이 영구 소장되어있다. 이탈리아는 과학, 디자인, 그리고 장인융합형으로 세계적인 명품 브랜드 경영 노하우를 위한 케이스 스터디 모델이 되고 있다. 이탈리아 디자인 기업의 다수는 공학자 출신의 창업자가 디자이너의 협업을 통해 문화적인 기업으로 성장해온 역사를 갖고 있다.

세계 최고 플라스틱 가구 브랜드 카르텔의 창업자 카스텔리는 화학자 출신으로, 과학실에 납품하는 초기 플라스틱, 차량용 스키 거치대들을 제조하는 것으로 처음 회사를 창업했다. 창업 후 플라스틱에 색상을 넣고 가내 용품을 제작해 소재를 개량하면서 5-60년대 세계적인 플라스틱 제품의 붐을 이끌어 낸 바 있다. 세계적인 조명 브랜드 아르테미데의 창업자 지스몬디는 우주항공학 전공자로, 기술과 공학적인 관심을 바탕으로 조명 브랜드를 설립했다. 디자이너들과 협업하며 세계 최초의 무선 조명, 선도적인 LED조명, 자연광에 가장 가까운 인공조명 등을 개발하며 세계적인 베스트판매자와 시대의 디자인 아이콘을 개발해오고 있다. 이탈리아에서 10년 이상 디자인하우스를 운영한 D3 여미영 대표는 "산업적 성공을 넘어 문화적 성공을 이뤄야하는 콘텐츠 영역에 있어서 이를 벤치마킹하고 협업하면 한국의 콘텐츠를 세계화시키는데 도움이 될 것"이라고 조언을 했다.

이탈리아에서 디자인 콘텐츠 스타트업들의 발전 방향을 찾다(2)

디자인은 같은 기능이라도 제품의 가치를 높여, '명품'화하는 부가가치를 제공한다. 특히 이탈리아는 그런 사례가 많다. 페라리, 람보르기니 등 이탈리아의 세계적인 자동차 브랜드들은 최첨단 기술을 이용하는 한편, 혁신적인 디자인과 이탈리아 장인들의 흉내 낼 수 없는 손기술을 결합해 독보적인 품질을 만들어내고 있다.

이탈리아 중소기업 중심의 클러스터 협업으로 발전한 디자인 산업 구조는 한국의 스타트업 생태계와 유사하다. 이탈리아 디자인 산업은 규모의 경제 논리가 통하지 않는 소규모 인원 중심의 개별조직으로 발달해 왔다. 또한 이탈리아는 혁신적인 아이디어와 지속적인

R&D 개발 등 자생적으로 기업인들과 창의적인 디자이너들의 협업으로 발전한 안정적인 경제 구조를 이루고 있다. 밀라노, 북부 이탈리아는 이탈리아 산업의 중심지로 산업 핵심 클러스터들이 입지해있고, 세계적인 가구 브랜드 마지스, 카르텔 등의 기업들은 자체 공장을 보유하지 않고 50~100명의 직원만으로도 지역의 클러스터들을 제품 개발 때마다 활용하고 유기적인 협업을 통해 제품을 개발하고 있다. 이러한 유연한 기업 생태계는 세계 경제 위기에도 탄력적인 경영을 통해 위기를 극복할 수 있는 강점이 되었다. 이러한 유연한 협업 정신은 한국의 스타트업들이 충분히 벤치마킹해볼 만하다.

기술 중심의 한국 스타트업들은 디자인 중심의 이탈리아 기업들과의 유연한 협업으로 부가가치를 끌어올릴 수 있다. 국내 대다수 스타트업들은 디자인보다 기술적인 강점이 높은 엔지니어 중심으로 발달해왔다. 한국의 스타트업 입장에서는 교류를 통해 디자인적인 사고를 함양시키고 창의성 증진을 도모할 수 있다. 이는 한국 스타트업 제품들의 부가가치를 끌어올릴 수 있는 기회가 될 수도 있을 것이다. 최근 조금씩 협업의 기회들이 생기고 있다. 2019년 뷰티 AI 스타트업 룰루랩은 이탈리아 볼로냐에서 개최된 세계 최대 뷰티 박람회 '코스모프로프 월드와이드 볼로냐 2019'에서 '다음 세대의 뷰티 산업의 디지털 혁신'에 대해 발표했다. 룰루랩은 피부 데이터화 기반의 AI 피부 비서 '루미니'를 개발했고 이번 발표로 이탈리아 디자인 업계와 많은 협력이 기대된다.

이탈리아 명품 기업 프라다도 스타트업 부트캠프와 협력해 패션 기술 스타트업 30곳을 육성한다고 밝혔다. 프라다의 대표 디자이너 미우치아는 정치학 전공자로, 민주주의적 사고에 관심이 깊으며 하찮게 여겨지던 나일론 소재와 이탈리아 장인들이 손기술을 결합해 나일론 제품으로 세계적인 명품을 만들어낸 혁신사례가 있다. 그런 프라다가 디자인을 중심으로 한 기술 스타트업들을 찾고 있다. 또한, 이탈리아 패션 디자인 업계에서는 환경 섬유와 AI 등 기술 스타트업에 투자하는 사례가 늘고 있다. 한국의 많은 기술 스타트업들이 세계적인 이탈리아 디자인 기업들에게 적극적으로 다가간다면 역으로 부가가치를 높여 세계 시장을 개척할 수 있는 기회를 맞을 수 있을 것이다.

이탈리아에서의 디자인, 패션 스타트업의 강세는 푸드테크 영역으로도 확장되고 있다. 글로벌 스타트업 투자기업 SBC가 로마에 푸드테크만을 위한 엑셀러레이터를 설립하면서 이탈리아내 푸드테크 창업이 활성화 되고 있다. 와인과 IoT 기술을 접목해 와인의 병목에 설치된 센서로 온도, 품질, 상태를 체크해 스마트폰 애플리케이션으로 실시간 보여주는 기술을 개발한 웬다는 이탈리아의 와인 소비에 편승해 성장을 거듭하고 있다. 유어파머는 신선한 야채와 과일을 지정 농장에서 위탁 재배한 후 원하는 시간에 원하는 장소로 배달해주는 서비스로 3년 안에 이탈리아 모든 주에 있는 농장과 제휴해 5만 가구 이상을 유치하는 것이 목표로 삼고 있다.

3

O2O, 아직도
길 은 많 다

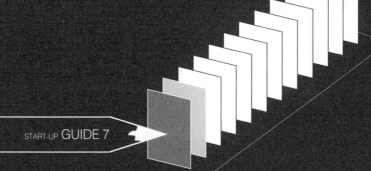

START-UP GUIDE 7

공유공간 비즈니스,
기술로 승부하라

에어비앤비로 시작된 공유공간 비즈니스는 우리나라에서도 다양한 호텔 및 모텔 예약 애플리케이션들이 등장하며 단시간에 O2O 시장의 한 축으로 성장했다. 회의 공간, 공동사무실, 우리나라만의 독특한 공간 사업모델이라 할 수 있는 독서실, 청년주거 문제를 해결하기 위해 만들어진 셰어하우스 등 다방면에서 결합하면서 새로운 시장을 만들고 있다. 이러한 서비스 진화의 원동력은 IT 기술을 기반으로 한 혁신이다. 스타트업 기업들에게 창업기회를 주는 공유공간 비즈니스는 앞으로도 어떤 기술 트렌드가 영향을 미칠지를 예측해 준비해 나가는 스타트업들에게는 꾸준한 새로운 기회를 제공할 것이다. 어떤 첨단 기술이 트렌드가 이 시장에 영향을 주고 있는지 살펴보자.

첫 번째는 가구에 접목시킬 수 있는 IoT 기술이다. 이미 국내 셰어하우스 업계에서는 캡슐형 IoT 침대가 보편화 되어가고 있다. 국내 기업이 개발한 IoT 책상은 컨트롤러를 통해 주변의 스마트기기들을 제어하고 전용 애플리케이션을 통해 사용자의 패턴을 분석해서 자세를 변경하거나 일어설 시기를 알려주기도 한다. 개인의 자세에 맞게 변형시킬 수 있는 책상도 있는데 누워서 일할 수도 있고 서서 일할 수도 있는 기능을 제공한다. 대표적인 사례로는 MIT랩이 개발 중인 사례가 있다. 책상 앞에 다가가면 노트북을 올려놓을 수 있는 지지대가 튀어나오는데, 이는 단순한 IoT가 아니다. 물체가 디지털데이터를 기반으로 스스로 모양을 변형시키는, 한 단계 앞선 제품이다. 만약 상용화에 성공한다면 공유공간의 개념이 혁신적으로 바뀔 수 있다.

두 번째는 3D 프린팅과 이동형 공유공간 기술이다. 두바이에는 3D 프린터로 뽑아낸 실제 사무실이 있는데 초대형 프린터로 단 17일 동안 구성물을 출력하고, 이틀 만에 조립을 끝냈다고 한다. 인건비와 건축 시간을 절감할 수 있는 3D프린팅 공간건축이 대중화된다면 공간을 만들고 공유하고 임대하는 개념이 혁신적으로 바뀔 것이다. 또 자동차 기업들과 IT 기업들은 여기에 이동형 개념까지 덧붙여 출퇴근 시에 이동식 사무실로 활용할 수 있는 커넥티드카 개발이 한창이다.

세 번째는 AR 기술이다. 미국의 벤처기업 메타 사가 구현한 증강현실 사무실은 손짓을 통해 업무처리가 가능한데 현실 세계에 홀로그램 이미지를 더할 수 있는 이 헤드셋을 쓰면 컴퓨터가 없이도 손을 움직여 웹페이지를 검색하고 이메일을 보내는 등 업무를 수행할 수 있다. 나아가, 홀로렌즈 기술이 더욱 발전된다면 영화 〈킹스맨〉의 한 장면처럼 홀로그램을 통한 가상회의도 가능해 질 것이다. 증강현실 기술의 발전은 원격으로 공동업무가 가능하게 함은 물론 공간의 효율도 극대화 시킬 수 있기 때문에 공유공간 비즈니스의 혁신에 큰 모멘텀이 될 것이다.

기술의 접목은 생활에서의 불편함을 정의하고 이를 구체적인 문제로 재정의해 적합한 기술을 찾아 응용하는 프로세스다. 불편함을 느꼈을 때 결코 지나치지 말라. 창업의 기회는 문제를 정의하고 기술을 상상하는 과정 속에서 발견할 수 있다.

O2O와 결합한
AR 피팅의 새로운 시장

드라마 〈알함브라 궁전의 추억〉은 AR 기술을 중심으로 한 작품이었다. 이와 더불어 AR 기술에 대한 관심이 점점 더 뜨거워지고 있다. 최근 O2O 서비스가 AR 솔루션들과 만나면서 진화된 새로운 시장을 만들어 내고 있다. 기존에 애플리케이션을 기반으로 한 마케팅 플랫폼 형태의 서비스가 AR 기능을 추가하면서 기능적인 차별화를 두기 시작한 것이다. 고객들은 미리 AR로 제품을 경험하고 구매를 할 수 있으며, 고객의 취향 정보가 저장되어 있으므로 큐레이션 커머스 형태 판매 촉진도 가능하다.

버추어라이브는 AR 기반의 가상 헤어스타일 체험 서비스인 헤어핏을 통해 새로운 소비문화를 창조하는 뷰티테크 기업으로, 2016년에 창업했다. 헤어핏은 "인생헤어를 10분 만에 찾을 수 있게 하자"는 문구와 함께 헤어스타일을 바꾸기 전 실패에 대한 두려움을 해결해주기 위해 만든 서비스다. AR체험을 통해 어떤 스타일이 자신에게 어울리는지를 미리 확인해볼 수 있어서 큰 호응을 얻고 있고, 누적 다운로드 수가 100만을 돌파했다. 스마트폰으로 얼굴 정면 사진을 찍기만 하면 원하는 헤어스타일이 얼굴형에 맞는지 곧바로 확인할 수 있다. 헤어핏은 사용자 얼굴의 특징을 반영해 헤어스타일 크기 및 위치 등을 조절해주는 AR 기술로 결과 이미지는 자연스럽다. 현재 900개 정도의 헤어스타일이 있으며, 이런 스타일들을 AR로 체험한 후 스타일링 할 수 있는 헤어숍이나 헤어디자이너에게 연결해주기도 한다.

펄핏은 "쉽고 편리한 신발 쇼핑을 할 수 있는 AR 세상을 만들자"라는 철학으로 창업한 스타트업이다. 신발은 브랜드 모델마다 사이즈가 다르기 때문에 직접 신어보기 전에는 본인에게 정확히 맞는 사이즈를 고르기가 어렵다. 특히 온라인으로 신발을 구매했다가 사이즈가 맞지 않으면 교환 혹은 반품하는 불편함을 겪어야한다. 펄핏은 이런 문제를 해결하고자 소비자들과 판매자 모두가 만족할만한 발 사이즈 데이터 기반 AR솔루션을 개발했다. 소비자들의 정확한 발사이즈 정보를 측정하고 그에 맞는 제품을 추천함으로써, 온라인에서 신발을 구매하려고 할 때 교환이나 반품의 걱정을 없애주는 셈이다.

펄핏은 신발 사이즈 문제를 해결하기 위해 3가지 AR 솔루션을 마련했다. 발 크기를 정확히 측정하는 '펄핏 R', 신발의 내측을 측정하는 '펄핏 S', 정확한 발, 신발 데이터에 기반을 두어 고객에게 꼭 맞는 신발을 추천해주는 '펄핏 AI'이다. 이 기술들을 접목시킨 펄핏의 매장용 하드웨어 기기, 또는 모바일 애플리케이션 중 하나로 잴 수 있다. 고도의 딥러닝 기술과 이미지 프로세싱 기술을 이용한 펄핏의 측정 결과는 빠르고 정확하며, 환경만 제대로 갖춰지면 97% 이상의 정확도가 나온다. 양말을 신거나 페디큐어를 했을 때도 오차값을 잡아내 정확한 실제 발 크기를 잴 수 있다. 사람들이 빠르고 편하게 언제 어떤 환경에서도 정확하게 발 크기를 측정할 수 있도록 하는 부분에 집중했다.

모빌리티 스타트업들이
바꿔가는 세상

지속적으로 이슈가 되어왔던 자가용 카풀 허용 여부를 두고 대립했던 택시업계와 카풀업계가 합의문에 서명하면서, 장시간 이어져 온 카풀 이슈가 일단락되었다. 택시업계와 카풀업계, 정부 등이 참여한 사회적대타협기구는 출퇴근 시간에 각각 2시간씩 카풀 영업을 허용하겠다고 합의했다. 단, 주말과 공휴일은 제외했고 택시와 사용자의 수요와 공급 격차 해소를 위해 규제혁신형 플랫폼 택시 등을 만들기로 했다. 이 갈등은 사실 2018년 카카오의 자회사 카카오 모빌리티가 카풀 스타트업 럭시의 지분 전부를 252억 원에 인수하면서 시작되었다. 하지만 2018년의 인수가 한국의 모빌리티 스타트업들에게 창업과 투자를 활성화 시키는 촉매제가 되었던 것도 사실이다.

모빌리티 서비스 시장을 주도하는 것은 단연 카카오 모빌리티지만 스타트업들의 비약적 성장도 무섭다. 카풀 서비스 타다 또한 소비자 중심으로 설계되었다. 2019년 3월 18일 출시된 '타다 어시스트'는 이동이 불편했던 만 65세 이상 또는 장애인 승객이 원하는 시간에 이동할 수 있도록 즉시 배차하는 서비스다. 차량에는 3인까지 탑승할 수 있고, 일반 고객들이 사용 중인 '타다 베이직'보다 요금도 저렴하다. 교통약자를 배려하기 위해 소음 없는 전기 차량만 배차된다는 것도 특징이다. 타다의 모회사 서비스인 쏘카 역시 기존

렌터카 시장에 O2O 서비스의 개념을 입혀 전 국민이 쓰는 보편적인 서비스를 만들어낸 바 있다. 스타트업들이 만든 서비스 혁신이 편리한 세상을 만들어가며 새로운 시장 또한 정의해 가고 있다.

자동차 공유 렌트 서비스 '트라이브'는 소비자들이 여러 차를 타보고 싶은 욕구를 충족시키기 위해 설계된 서비스다. 자동차 구독 서비스로도 불리는 트라이브는 다양한 차량을 공유하고 싶다는 젊은 고객층들의 니즈를 파악했고 단가도 혁신적으로 낮추는데 성공했다. 최근 현대자동차로부터 TIPS 투자유치에 성공하면서 많은 주목을 받고 있다. 서비스에 가입을 하고 원하는 차량을 선택 후 구독 신청을 하면 취향대로 차량 추천이 이뤄지고 월 구독료를 내는 방식이다.

자동차 애프터마켓 시장을 표적으로 삼은 스타트업도 있다. 팀와이퍼는 고객의 차량 정보를 자연스럽게 유통하기 위한 방법으로 차량 관리 분야 중 이용 빈도가 가장 높은 세차 서비스 플랫폼 구축에 집중하고 있다. 세차 고객에게 간편한 세차 예약뿐만 아니라 와이퍼 하나면 내차 전담 관리팀이 생긴 것처럼 차량 상태를 점검하고 관리를 받을 수 있는 후속 서비스를 제공하고 있다. 팀와이퍼는 현재 손세차와 셀프세차 전용 O2O 서비스를 개발해 운영하고 있는데 손세차장의 경우 전국에 등록된 기업만 1만 2,000곳에 이른다.

데이터 기반 신차구매 서비스인 카룸은 수입차 신차구매 시장에서의 정보 비대칭문제를 해결하는 스타트업이다. 견적에 대한 불신과 이를 해결하기 위한 발품의 불편함을 맞춤형 큐레이션 서비스로 극복했다. 카룸에는 다년간 쌓아둔 차량 사진 데이터가 구조화되어 있고 매년 새로운 모델이 출시되는 차량의 모델도 쉽게 판별할 수 있는 차량 전문가들이 학습데이터를 수집하므로 상당히 분별력이 있는 데이터를 갖추고 있다. 이를 통해 많은 소비자가 기존 매체에 뿌려져 있는 자동차에 대한 정보를 이미지 한 장으로 손쉽게 얻을 수 있는 서비스를 제공한다. 신차 딜러사 입장에서는 잠재적인 고객 확보와 검색에 허비되는 물리적인 시간과 비용을 줄일 수 있다. 향후에는 카룸 기술을 응용해 범죄 차량을 식별하는 분야에도 사용 가능할 것이다.

세계적인 정리정돈 트렌드가
O2O 스타트업으로 이어지다

곤도 마리에는 일본의 정리整理 컨설턴트이자 세계를 강타한 '정리 열풍'의 주인공이다. 2019년 1월, 넷플릭스를 통해서 〈설레지 않으면 버려라 – 곤도 마리에〉 프로그램이 총 8부작으로 방영되었다. 미국의 일반 가정을 직접 방문해 정리를 도와주는 내용의 프로그램으로, 어찌 보면 별 대수롭지 않아 보이는 그녀의 정리법이 큰 이슈를 불러일으킨 이유는 자신만의 방식에 도달하기까지 수많은 시행착오를 겪었다는 게 느껴졌기 때문이다. 또 방법 하나하나에 곤도 마리에 특유의 철학이 들어 있는데, 단순히 '테크닉'을 가르치는 기존 방법과는 분명 차별화된다. 정리 정돈과 청소 등은 더 이상 단순한 용역이 아닌 전문영역으로 인정을 받고 있으며 관련 O2O 스타트업들도 각자의 특화된 전문성을 강화하며 그 시장을 키워가고 있다.

'플랫폼 노동자'라는 말이 4차 산업혁명 시대의 화두로 떠오르고 있다. 온라인 플랫폼으로 일자리를 구하고 서비스를 제공하는 이들을 칭하는 말로, 이들을 포괄하는 범주와 규모가 점점 확대되고 있다. 법적으로 이들은 노동자가 아닌 개인 사업자이기도 하며, 온라인 플랫폼 노동을 기반으로 한 '긱 경제gig economy'는 이미 우리 일상에 보편화 되었다. 컨설팅 회사 매켄지는 2025년 전 세계적으로 5억 4,000만 명의 인구가 긱 경제 혜택을 입을 것으로 내다봤다. 국제 노동기구는 "긱 경제는 노동 공급 방식, 일자리 규모, 산업구조를 변화할 수 있는 잠재력을 보유하고 있다"고 말한 바 있다. 정리정돈, 청소 서비스 역시 긱 경제, 플랫폼 노동자들의 시장으로 부각되고 있다.

이웃벤처의 청소 서비스 호호는 규격화 되어 있는 '단지' 단위로 호텔 수준의 서비스를 제공한다. 상대적으로 청소하기가 까다롭게 지속적인 관리가 필요한 '욕실'에 집중했고, 일회적인 청소가 아니라 한 달 단위로 서비스를 정기화했다. 여기에 한 단지를 1~2명의 서비스 제공자가 전담하면서 고객과의 거리감도 좁혔다. 또 비슷한 구조의 아파트 등의 청소법을 메뉴얼화한 부분도 차별점이다.

청소연구소는 가사 도우미와 청소 서비스를 원하는 가정을 연결하는 모바일 애플리케이션이다. 누적 사용자 수는 20만 명에 달하며 6,000명의 가사 도우미를 가정으로 중개해주고 있다. 청소연구소는 교육에 경쟁력이 있다고 주장했다. 청소연구소는 교육방식에 특화되어 있다. 서울과 인천에 총 5곳의 교육 센터를 운영하면서 가사 도우미 분들의 교육에 주력하고 있는데 센터를 이케아 쇼룸처럼 꾸며놓고 도우미 서비스 제공자들의 교육 집중도를 높였다.

'대리주부'는 청소 O2O 업계에서는 보기 드물게 1억 원 배상책임 보험 가입해 운영하고 있다. 구직자들의 업무환경과 처우 개선을 위한 정책을 꾸준히 마련해 나가고 있는데 특히 대리주부의 날, 대리주부 상 등을 만들어 등록된 1만 5,000명의 도우미 서비스 제공자들과 색다른 문화를 만들어가고 있다. 대리주부는 고객, 공급자 모두 원하는 조건을 사전에 비교해 직접 선택하고 서비스를 제공하며 현재 가장 오래된 O2O 청소 애플리케이션이다.

'미소'는 스마트폰 애플리케이션을 통해 가사도우미, 침대·가전청소, 이사청소 등의 다양한 청소 서비스를 제공하는 홈클리닝 스타트업으로 12월 기준 누적 고객 수 45만 명을 넘어섰다. 특히 창업 후 매년 주문 건수는 2.5배, 매출은 3배가 증가하는 가파른 성장세로 서비스 재주문율 또한 높게 나타나며 현재 서울, 인천, 경기, 대전, 부산, 대구, 광주 등 7개 지역에 서비스하고 있다. 3시간 서비스 등 단시간 서비스가 매출상승에 촉매제가 되었다.

유니콘을 배출하고 있는
여행 스타트업

O2O 분야는 레드오션처럼 보이지만, 지속적으로 유니콘 기업과 그 후보들을 배출하고 있다. 특히 여행 분야 스타트업들에 대한 호재가 끊이질 않고 있다. 얼마 전 숙박중심 온라인여행 플랫폼 스타트업 야놀자는 싱가포르 투자청과 부킹홀딩스로부터 1억 8,000만 달러를 투자유치하며 기업가치 1조원 이상의 유니콘 기업으로 등극했다.

이번 투자와 함께 야놀자와 부킹홀딩스는 전략적 파트너십도 맺게 되었는데 아고다 등 부킹홀딩스 주력 계열사들과의 협력을 통해 야놀자와 제휴된 호텔, 모텔, 펜션 등 다양한 국내외 숙박시설의 판매를 적극적으로 강화할 계획이다. 또한 야놀자 고객들은 아고다를 비롯한 부킹홀딩스의 주요 브랜드들이 보유한 전 세계 숙박시설을 야놀자 플랫폼에서 손쉽게 예약할 수 있게 된다. 야놀자는 업계 최초로 월간 거래액 1억 달러(한화로 약 1,184억 원)를 돌파하며 입지를 굳혔다. 누적 예약 2,000만 건 이상을 돌파하며 야놀자는 지난 5년간 연평균 70% 이상의 가파른 매출 성장세를 기록 중이다.

야놀자에 이어 여행 분야의 차세대 유니콘 후보로 꼽히는 자유여행 플랫폼 기업 '마이리얼트립'은 자유여행객과 해외 현지교민과 가이드를 연결하는 서비스로 출발해 현재는 해외호텔 예약 서비스와 2018년에는 항공권 발권서비스까지 시작하면서, 숙박과 항공권,

액티비티까지 서비스하는 종합 자유여행 플랫폼으로 자리 잡았다. 현재 전 세계 670개 도시에서 가이드 투어와 액티비티, 티켓, 패스 등 약 1만 9,000개의 여행상품을 판매하고 있다. 2019년 5월 기준 월 거래액이 313억 원을 기록했으며. 누적 여행자 수 510만 명에 달한다. 세계 80개국 630개 도시에서 여행 가이드와 항공권·숙박·렌터카 등 약 1만 9,000개 상품을 판매하고 있다. 여행가는 사람의 니즈와 취향은 맛집 투어, 박물관 투어 등 다양한 서비스를 마이리얼트립 플랫폼 안에서 검색을 통해 찾을 수 있다. 해외출국 여행 시장은 저가항공사들이 경쟁적으로 생겨나면서 매년 지속적으로 성장해 현재 연간 출국자 3,000만 시장에 이르게 되었다. 현재도 상승세를 보이고 있으므로 앞으로 잠재성장성은 더 커 보인다. 마이리얼트립에 이어 두 번째 여행관련 분야 유니콘으로 주목받고 있는 곳으로는 '둥글'도 있다. 둥글은 글로벌 펜팔 서비스를 타겟팅해 전 세계를 향한 여행 커머스로 발전중이며, 동남아 및 주요거점 지역으로 리소스를 집중한 성과로 120만 다운로드를 달성했다. 커머스 전환 시 1,000억 이상의 매출을 기대한다.

틈새시장을 공략하는 경우도 있다. 아이스엔브이는 2017년에 분산되어 있는 낚시 정보를 한곳에 모아 제공해 보다 더 쉽고 편리하게 낚시 문화를 즐길 수 있도록 해주는 '물반고기반' 애플리케이션을 출시했다. 물반고기반은 민물 및 바다낚시 예약뿐 아니라 날씨에서부터 물때, 조황까지 낚시꾼이 알아야 할 다양한 정보를 보기 쉽게 제공해 초보자와 숙련자 모두에게 도움을 주고 있다. 현재 애플리케이션 다운로드 수는 200만 건 이상으로, 낚시여행 관련 애플리케이션 서비스 중 단연 1위다. 바다 및 민물 낚시 실시간 예약 기능을 제공하고 있고 국내최다 7,500개 낚시터의 정보를 제공한다. 국내 바다 낚시, 선상 낚시, 좌대 낚시, 요트, 항구 정보, 방파제, 갯바위, 섬낚시 등 낚시 포인트는 정보는 지속적으로 업데이트 되고 있고 현장을 VR로 미리보기 볼 수도 있다.

여행 정보를 VR로 구축해나가는 스타트업도 있다. VR 미디어는 세종시, 공주시, 안동시 등 한국의 주요 관광지에서 VR 체험을 할 수 있도록 환경을 구축해 나가고 있다. 특히 2018년 평창 동계올림픽에서 봅슬레이 등 가상 체험 시뮬레이터 등을 선보이면서 큰 관심을 받았다. 체험형 VR 관광지는 최근 들어서 구축이 더 가속화 되고 있는데 최근 파주 임진각 한반도 생태평화 센터, 경남 고성 공룡체험장 등 지속적으로 여행지의 가상현실화 시장이 열리고 있다. VR 솔루션 스타트업들은 연관된 기술을 관광지별로 고도화 시키며 열리는 시장에 안착하는 모습이다. 여행 분야에서 스타트업들이 다양한 국내시장 경험을 통해 세계 시장에서 경쟁우위를 확보하는 유니콘 후보기업들이 더 등장하기를 기대해 본다.

세계적인 긱 경제 트렌드,
한국도 플랫폼 노동자 시대를 열다

태스크래빗은 프리랜서들의 전문 역량을 시간으로 쪼개 타인과 공유하는 서비스다. 기업에서 일하다 프리랜서로 전향하는 노동 인력이 늘어나면서 일자리 시장의 변화의 속도가 가속화되고 있으며, 이들 프리랜서들의 고용방식이 플랫폼 형태로 진화하고 있다. 앞서 말한 플랫폼 노동자다, 긱 경제와 같은 선상의 이야기다. 이 플랫폼상의 프리랜서들은 국내에서만 54만 명으로 집계가 되고 있다. 전 세계적으로도 하나의 조직에 귀속되었던 개인의 역량이 모두와 공유되는 구조로 변하며 세계는 바야흐로 플랫폼 노동자 시대가 열리고 있다. 실제 2018년 미국의 풀타임 프리랜서 수는 전년 대비 11% 증가했고 미국의 3명 중 1명은 프리랜서다.

이미 TNB, 부릉, 우버이츠 등 배달 업무와 숨고, 크몽, 위시켓 등 재능 공유, 그리고 타다 등 모빌리티 플랫폼을 활용한 운송 업무까지 다양한 플랫폼 노동 일자리가 생겨나고 있다. 정규직처럼 근로기준법을 적용할 수 없는 일이다 보니 플랫폼 노동은 장단점이 극명하다. 우선 장점으로는, 자율적으로 시간을 쓸 수 있으므로 부업 형태로 노동을 제공할 수 있다는 점이다. 배달 업무는 약 60%가량이 부업으로 하는 것으로 모 설문조사를 통해 나타났다. 직장에서가 아니라 원하는 장소에서 원하는 시간에 일할 수 있는 원격 근무를 시도하는 플랫폼 노동자들이 늘어나고 있기 때문에 효율이나 생산성 관점에서 장점을 가진다. 하지만 자영업자로 분류되기 때문에 소득이나 고용 안정성을 보장받지 못하며 보험 등 사회안전망에서도 배제되는 경우가 많다는 단점도 있다. 또한 고용시장에서의 근로 정책은 아직도 구시대적이라 플랫폼 노동환경 변화에 대한 제도 정비도 필요하다.

크몽은 2012년 막 창업했을 시기에 5,000원을 받고 모닝콜을 해주거나 상사 욕을 대신 들어준다거나 같은 "누군가의 사소한 재능을 5,000원에 산다"는 재능마켓으로 입소문을 모았다. 지금은 전문가와 연결하는 전문 플랫폼 노동자 마켓 플랫폼으로 자리를 잡았다. 2019년 현재 총 누적 거래금액은 717억 원이고 63만 명이 이용한다. 크몽은 최근 IT 분야에서 집중적으로 일어나는 고액 거래의 불안요소들을 최대한 배제하고자 IT 개발자들과 고액 거래 시 안전하게 거래할 수 있는 '안심 케어 서비스'를 제공하기 시작했다.

위시켓은 최근 30억 원 규모의 투자를 유치했다. 위시켓은 IT 프로젝트 개발을 원하는 기업과 개발회사, 프리랜서를 연결해 주는 사업을 주력으로 하고 있다. 국내외 약 5만 명 이상의 IT 전문 인력을 보유하고 있다. 위시켓에 등록된 프로젝트 수는 1만 4천 건이며, 금액으로 환산하면 1,430억 원에 달한다. 2018년 10월 기준 유저 수가 9만 5천 명을 기록하고 있으며, SKT, 삼성전자, 현대자동차 등 4만 곳의 국내외 유수의 기업들이 위시켓의 서비스를 이용하고 있다.

숨고도 최근 125억 원 규모 시리즈B 투자를 유치했다. 서비스 종류

확대, 통합 마케팅 커뮤니케이션을 통한 사용자층 확대에 집중한다고 밝혔는데 가장 광범위한 플랫폼 노동자층을 타겟으로 하고 있다. 숨고의 비즈니스 발전 방향은 자본이 부족하지만 전문적인 플랫폼 노동자와 중소기업이 성공적으로 비즈니스를 해나갈 수 있도록 하고, 일반 소비자가 분야별 숨은 전문가를 쉽게 만날 수 있는 기능을 강화하는 것에 초점이 맞춰져 있다.

생활 서비스 스타트업, 편리함을 무기로 시장을 넓혀가다

생활 서비스 스타트업들의 시장이 커지고 있다. B2B형 O2O 서비스로도 여겨지는 이 서비스들은 부지불식간에 사회 전반에 편리한 서비스로 자리를 잡고 있다. 대표적인 사례로, 2018년 5월 카카오페이가 인수한 모빌이 있다. 모빌은 아파트 관리사무소와 입주민의 투명한 소통과 편의를 돕는 SNS 서비스로, 전자투표, 전자결재, 전자관리비고지서, 디지털음성방송, 아파트 시설물 예약, 커뮤니티 등 다양한 기능을 제공한다. 온오프라인 결제, 송금, 청구서, 인증 등 생활 금융 플랫폼 및 아파트 관리사무소, 입주민의 편의를 높여주는 생활 서비스가 카카오페이의 다양한 금융 서비스와도 결합했다. 모빌 서비스를 이용 중인 입주민들은 추가 과금 및 별도 애플리케이션 설치 없이 카카오톡을 통해 아파트관리비 청구서를 받거나 모빌 애플리케이션에 접속해 카카오페이로 바로 납부할 수 있다.

대기업과 협업을 진행하는 사례도 나오고 있다. CU는 세탁 스타트업 오드리세탁소와 함께 다음 달부터 세탁 수거 및 배달 서비스를 시작했다. 세탁 서비스를 원하는 고객은 별도의 애플리케이션을 설치할 필요 없이 오드리세탁소 모바일 웹페이지에 수거 예약을 한 후 CU 포스트를 이용해 접수하면 된다. 세탁물이 수거된 이후에는 카카오톡을 통해 알림을 받을 수 있고, 고객 문의 응대도 실시간 제공된다.

중앙 관제가 가능한 무인택배함을 기반으로 세탁서비스에 도전한 스타트업도 있다. 위키박스는 세탁 서비스를 시작으로 생활 서비스 확장을 시도하고 있으며, 고객 데이터를 축적 및 분석할 수 있는 서비스 플랫폼화도 시도하고 있다. O2O 생활 서비스를 제공한다는 점에서 기존 O2O 서비스사업자, 생활 서비스 사업자 등과 상호경쟁 및 보완적 위치에 있으나, 비대면 플랫폼 제공이라는 새로운 틈새시장을 정의했다. 현재 새벽배송, 퀵배송 등의 경우 아파트 출입 보안이 확대되면서, 소비자들은 분실불만, 배송 업체는 경비실 측과의 불만이라는 단점을 가지고 있다. 하지만, 비대면 서비스의 경우, 속도와 편의성이라는 장점은 물론이고 판매원과의 접촉에 따른 부담감, 출입보안 문제 등을 해소할 수 있다. 위키박스 플랫폼과 솔루션은 B2B 형태로 맞춤형이 가능하기 때문에 오피스빌딩, 오피스텔, 오프라인 판매점 등에 맞춤 개발판매가 이뤄지고 있다.

국내외 각종 민원 서비스를 대행해주는 스타트업도 있다. 다양한 '민원' 서류를 세계에 신속히 '배달'한다는 의미가 담겨 있는 '배달의 민원' 서비스가 대표적이다. 민원은 전 세계에 어디에든 존재하지만, 나라와 나라 사이의 민원을 이어주는 서비스는 존재하지 않는다는 틈새시장을 공략해 솔루션을 개발했다. 배달의 민원은 국내외의 민원서류에 대한 '발급-번역-공증-외교부 영사 확인-대사관 인증-제출'이라는 굉장히 복잡한 오프라인 절차를 온라인과 모바일을 통해 손쉽게 신청하고 처리할 수 있는 서비스를 출시했다. 학교 및 혼인, 가족관계, 범죄 수사경력, 국제운전면허증 등 400개의 국내외 민원 서비스를 통합 제공하고 있으며, 국적증명서, 재직증명서, 잔고증명서, 졸업증명서 등 대다수의 서류를 세계 주요국의 언어로 번역한 뒤 인증까지 받아 사용자가 머무는 장소로 보내준다. 기존 8~10일 걸리던 시간을 1~2일로 단축한 이 서비스는 입소문을 통해 상승세를 이어가고 있다.

글로벌 마이크로 모빌리티 스타트업들의 시장 개척

마이크로 모빌리티 스타트업들이 각자 타깃을 개척해 나가면서 관련 서비스가 보편화되고 있다. 마이크로 모빌리티는 꽉 막힌 도로를 피해 골목을 통해 신속하게 이동할 수 있는 등 대도시화와 1인 가구 증가에 따라 미래 교통 수단으로 주목받고 있다.

마이크로 모빌리티 스타트업은 도시별 대중교통 음영 지역을 노린다. 형태는 크게 3가지다. 공유 자전거, 공유 전기자전거, 그리고 공유 킥보드 시장이 가장 활성화되어있다. 그외 전기스쿠터, 호버보드, 전동휠 등 형태로도 제공된다. 공통점은 친환경 에너지원을 활용하는 것이다.

2016년 하반기부터 중국은 모바이크, 오포 등 공유 자전거가 활성화되기 시작했다. 필자도 중국 출장 때 늘 지하철과 모바이크 조합을 활용해 이동하고 있다. 모바이크는 현재 동아시아 전역으로 시장을 확대했다. 상하이에서 이용하던 동일한 모바이크 계정으로 싱가포르에서도 활용한 경험이 있다. 우리나라에서는 경기도 수원에서 활용할 수 있다. 그러나 페이스북에 모바이크가 해외 사업을 모두 종료한다고 밝히면서 오는 30일을 마지막으로 19개국 200개 도시 사업을 접는다. 그 전에 또 다른 중국 스타트업 오포가 부도를 맞으면서 공유 자전거 시장에 대한 회의 시각이 대두됐다.

국내에서는 민간이 아닌 서울시가 운영하는 따릉이가 안정된 서비스를 보여주고 있다. 민간 스타트업과 달리 기존 민간 자전거 대리점과의 협업 구조를 성공 요인으로 본다. 공단은 골목상권을 활성화하고 자전거 수리 효율성을 높이자는 취지로 따릉이포 사업을 시작, 1차로 민간자전거 대리점 50곳이 사업에 참여하고 있다. 서울시설공단은 최근 자전거 이용률이 높아지는 가을을 앞두고 따릉이 정비 효율성을 높이기 위해 이번에 민간 대리점 25곳을 추가로 모집하고 있다. 추가로, 공유 전동킥보드 시장은 좀 더 안정화되고 있다. 자전거보다 거치 공간 및 유지·보수 방식이 더 효율적이기 때문이다.

2019년 6월에 다녀온 핀란드 출장에서는 공유 전동킥보드 티어를 활용해 헬싱키 구석구석을 여행한 적이 있다. 베를린에 본사를 둔 독일 스타트업이 운영 주체로, 특정 국가나 도시에 국한되지 않은 범유럽적 서비스다. 2018년 하반기에 출시되어 헬싱키를 비롯해 스톡홀름, 마드리드, 코펜하겐, 파리, 리옹, 리스본 등 유럽 9개 국가 20개 도시에서 1만 대의 전동킥보드가 운행되고 있다.

빔은 2018년에 설립된 싱가포르 공유 전동킥보드 스타트업이다. 우버, 오포에서 아시아 총괄을 거친 앨런 지앙의 경험을 기반으로 창업했다. 현재 싱가포르를 포함해 말레이시아, 대만·호주·뉴질랜드·한국 등 6개국에서 서비스를 제공하고 있으며 외국계 기업 가운데 최초로 국내 공유 전동킥보드 시장에 진입해 화재가 된 바 있다. 빔은 한국에서 유일하게 24시간 서비스를 제공하고 있고 한국 시장에서 손익분기점을 넘겼다고 발표한 바 있다.

현재 글로벌 시장을 가장 크게 점유하고 있는 라임은 얼마 전 누적 탑승 횟수 1억 건을 달성했다고 밝혔다. 공유 전동킥보드 형태 서비스다. 현재 시애틀, 로스앤젤레스, 베를린, 파리, 텔아비브 등 세계 주요 도시를 포함해 5개 대륙, 30개 국가, 120개 도시에 서비스를 제공하고 있다. 한국 상륙도 앞두고 있다. 라임이 발표한 자료에 따르면 라임 사용자 4명 가운데 1명이 자동차를 대체해서 라임 서비스를 이용하고 있다. 이를 통해 전 세계에 2년 동안 약 4,023만km 자동차 운행을 대체하고, 9,000t의 이산화탄소 배출량 감소시키는 데 기여했다고 밝혔다.

국내 마이크로 모빌리티 스타트업들의 대응

8km 이하 거리인 '라스트 마일' 시장에 대해 마이크로 모빌리티 서비스 활성화 속도가 예사롭지 않다. 빔과 라임 등의 전동킥보드 서비스가 한국 시장에 진출하며 활성화의 촉매제가 되고 있는데 국내 스타트업들의 대응 속도역시 매우 빠르다. 피유엠피의 씽씽은 기존 전동 킥보드와 비교해 약 2배 길며, 큰 휠 사이즈, 서스펜션의 탑재로 보다 안정적인 승차감을 제공하며 경쟁우위를 만들어 가고 있다. 최근 KC인증을 받았고 제품안전정보센터 홈페이지에 모델명을 입력하면 KC인증 내역 조회도 가능하다. 씽씽은 사용자들이 신뢰하고 탈 수 있는 안전한 하드웨어를 공급하는 데 역량을 집중하고 있다. 2019년 4월 강남에서 시작해 점차 그 범위를 확대했고 현재 가입자는 6만 명 이상, 누적 이용 횟수는 35만 회 이상이다.

나인투원이 운영하는 통합 마이크로 모빌리티 플랫폼 일레클은

2019년 하반기에 1,000대로 운영규모를 확대했다. 일레클은 순차적으로 서울시 내 6개 구, 6개 대학, 2개 중심업무지구로 공유 전기자전거와 전동킥보드 서비스 지역을 확대하며 500대를 추가 배치했다. 서비스 지역은 마포구, 서대문구, 영등포구, 중구, 종로구, 성북구 등 총 6개 구를 포함해 서울 소재 6개 대학, 그리고 서울중심업무지구와 여의도업무지구 등 서울 대표 업무지구 2곳이다. 지방으로도 확대 중인 일레클은 세종 시에서 총 200대 규모로 시범사업을 운영한다. 업그레이드 전기자전거 기종인 일레클 네오는 국내이용환경과 공유서비스 특성에 맞춰 제조사와 직접 개발한 전기자전거 모델이다.

대기업과 협업하는 사례도 있다. 올룰로의 킥고잉은 해피포인트와 킥스팟 오픈 이벤트를 진행한다. 킥스팟은 질서 있는 이용 문화 정착을 위해 킥고잉에서 직접 만든 킥보드 전용 거치대다. SPC 매장 앞에 있는 킥스팟에 킥고잉을 주차하면 매장에서 쓸 수 있는 2,000원 상당의 해피콘을 증정한다. 현재 이용 가능 매장은 강남 서초 지역의 5개 매장 수준이지만 확대될 전망이다.

매스아시아의 고고씽의 현재 가입자 수는 10만 명을 넘어섰다. 고고씽은 현재 서울과 경기에서 자전거와 전동킥보드 1,000대로 서비스를 제공하고 있다. 자전거는 서울, 경기 전역에서 운영 중이고 전동킥보드는 서울 강남권에서 진행 중이지만 곧 서울시 5개 자치구, 경기도에서도 시작한다. 고고씽의 차별점은, 기성제품 킥보드를 쓰는 일부 서비스와 달리 킥보드를 직접 설계했다는 점이다. 전동킥보드보다는 21.59cm 타이어와 언덕이 많은 국내 지형에 맞게 350W 고출력 전기 모터를 장착했으며 1회 충전으로 최대 40km까지 갈 수 있다. 특히 배터리를 갈아 끼울 수 있다는 점이 최대 강점이다.

우리나라의 마이크로 스타트업들은 현재 8개 정도가 활성화되어있다. 시장규모 대비 많은 스타트업이 시장에 뛰어들고 있다. 각자의 경쟁우위도 조금씩은 다르지만 시작하고자 한다면, 특정 시장에 확실한 경쟁우위를 가지고 진입할 필요가 있다. 대부분의 스타트업들이 첫 시장을 강남, 서초지역으로 삼고 있지만 시간이 지날수록 특정지역에 경쟁만 심화되는 모습이 보인다. 마이크로 모빌리티 스타트업 간의 연합체를 만들어, 전국을 효율적인 세분화한 후, 협력을 통해 먼저 서비스를 보편화 시키는데 집중할 필요가 있다. 중국에서는 이 시장에 과열 경쟁으로 1조 원 이상을 투자받은 기업 오포가 부도가 나는 사건이 있었다. 모바이크도 중국 외 17개국에서 진행하던 서비스를 중지했다. 이를 벤치마킹한다면 협력적인 시장 개척을 통해 리스크를 줄이는 것도 좋은 전략이다.

버스를 중심으로 한 승차공유 스타트업

2018년 미국 자동차 기업 포드가

740억 원에 인수한 채리엇은 우리나라의 버스공유 스타트업들과 크게 다르지 않은 사업모델이다. 14인승 밴을 활용해 예약석만 운영하고 언제든지 실시간 부킹이 가능한 월간 이용권 가격은 13만 원이다. 좁은 길과 부족한 주차 공간으로 문제가 많았던 샌프란시스코 출퇴근 문제를 해결할 대안 중 하나라는 평가를 받으며 현재 1,000억 원 이상의 기업 가치를 인정받고 있다.

우리나라는 비슷한 공유버스 사업모델은 규제 속에서 시작부터 난항이었다. 하지만 버스를 중심으로 한 승차 공유 스타트업들이 일부 완화된 규제 속에서 각자에 특화된 사업모델로 정착이 되어가는 모습을 보여주고 있다. 정부는 버스 승차공유 플랫폼이 탑승자를 모은 후 전세 버스 기업과 계약하는 것을 일대일 계약으로 보기로 하면서 서비스가 규제를 일부 벗어나게 되었다. 다만 노선화하지 않은 비정기 및 일회성 운행으로 대상을 한정했다. 그외 공유버스는 심야시간에만, 강남 지역 3개구에서만, 11인승 이상 승합차와 버스만 운행할 수 있다는 규제가 이전에 생긴 바 있다. 규제가 많다 보니 사업을 실행하는데 상당히 어려움이 많다. 규제의 시작은 기득권 사업자들의 반발에서 시작된다. 정부가 중재를 하지만, 결국 새 규제 양산으로 끝나고 만다. 근본적으로 우리나라가 '네거티브 규제'가 아닌, '포지티브 규제'를 고수하고 있기 때문이다.

콜버스가 2015년 12월 강남의 심야시간대 처음 서비스를 시작했을 때 심야에 귀가하는 사람들에게 큰 호응을 얻었다. 하지만 택시업계 반발에 부딪혀 출범 2년 만에 서비스가 종료되었다. 택시업계가 제공하는 차량만으로 서비스를 진행하라는 중재안이 있었지만 택시업계에서 제공된 차량이 10%가 채 되지 않으면서 공유버스 서비스를 전세버스 중개 플랫폼으로 피봇팅 했다. 피봇팅한 모델로 콜버스가 누적 거래액 100억 원을 돌파했다고 얼마 전 밝혔는데 누적 주문 수는 14만 건이었다. 전세버스가 필요한 날짜와 경로만 입력하면 전국 3,000명의 기사와 270개 버스회사로부터 실시간 견적을 받을 수 있는데 B2B 서비스로서 안정화되고 있는 모습이다. 경쟁 입찰 방식으로 시중가 대비 20% 저렴한 가격도 강점이다. 기사 평점과 고객 후기를 통해 불친절한 기사를 피할 수 있고 전 차량 보험 가입으로 안심하고 이용할 수 있다.

규제를 피해 통학서비스 시장에 집중하는 스타트업도 있다. 씨엘의 셔틀콕 서비스는 통학버스 시장에 특화된 차량 IoT 기술로 규제 속 틈새를 공략했다. 현재까지 250개 이상의 고객사에 35만 명 이상의 탑승객이 이용하고 있다고 씨엘은 밝힌 바 있는데 기존 씨엘의 IoT 솔루션인 B2B형 셔틀버스 통합관리 솔루션인 헬로버스에 이어 출퇴근 공유서비스 플랫폼인 셔틀콕을 안착시키면서 성장세를 이어가고 있다. 현재 통근, 통학 버스 시장 규모는 3조 6,000억 원으로 추산되고 있는데 특정 타겟을 공략한 것이 유효했다는 평가다. 현재 서비스는 수도권 시도 간 이동을 하는 통근, 통학 자를 대상으로 이뤄지고 있다. 대중교통이나 자가용을 이용할 경우 사람이 많아 번잡함과 교통체증을 동시에 겪어야 하고 장거리 통근, 통학에 많은 시간이 소요된다는 문제를 셔틀콕 플랫폼으로 해결했다. 씨엘은 데이터를 꾸준히 수집 및 분석하며 통근버스가 필요한 소비자를 지속해서 모집해 나가겠다는 전략이다.

가장 활성화되고 있는 통근, 통학 버스 시장에 출사표를 던진 또 다른 스타트업이 있다. '모두의셔틀'은 수도권 지역에서 100개 노선을 운영 중이다. 2018년 1월 서비스를 시작한 뒤 누적 사용자 수는 2만 명을 웃돌고 있다. "택시만큼 편한 통근버스로 직장인들의 스트레스를 줄여주자"는 비전을 가진 모두의셔틀은 운행 노선을 500개로 늘릴 계획이다.

차량공유 스타트업 시장의 성장과 경쟁

규제상 차량공유 사업을 수익화가 사실상 어렵게 되어 상대적으로 차량 공유 스타트업들은 약진 중이다. 국내에서 차량공유 서비스를 제공하고 있는 2강체제의 주역은 쏘카, 그린카로 볼 수 있다. 일반 렌터카 기업이 하루 단위의 대여만 가능했던 반면, 차량공유 기업들은 분이나 시간 단위의 단기 차량 대여 서비스를 제공한다.

우선 쏘카는 서비스 안정화를 실현했다고 평가받는다. 쏘카는 애플리케이션으로 차량을 예약하면 자신의 위치와 가까운 일명 쏘카존에서 차를 빌린 후 아무 쏘카존에 반납하면 되는 차량공유 서비스를 제공하고 있다. 쏘카의 시간 또는 분 단위로 빌리는 서비스는 국내에서 처음이었다. 1만 대 이상을 보유한 쏘카는 1,200억 원의 매출을 기록하고 누적 예약 건수는 1,000만 건을 돌파했다. 쏘카는 이재용 대표의 화려한 이력 때문에 2014년과 2015년 베인 캐피탈과 SK로부터 760억 원 규모의 투자를 유치했고 IMM 프라이빗에쿼티도 600억 원을 쏘카에 투자한 바 있다.

그린카는 쏘카와 비슷한 시기에 서비스를 시작했다. 6,000대 정도를 보유하고 있고 회원 수는 250만 명으로, 역시 안정된 서비스를 제공하고 있다. 사용 방법은 쏘카와 유사하다. 그린카는 2013년에 KT렌탈이 지분 50%를 80억 원에 사들인 이후, 롯데렌탈에 재매각되면서 현재는 롯데렌탈의 자회사이다. 롯데렌터카의 다양한 렌터카 노하우를 접목시켜 서비스 안정화를 도모했고 법인 전용 맞춤형 차량공유 서비스를 출시하기도 했다. 'KT기가지니' AI 스피커와 연계해 차량 검색부터 예약까지 모든 과정을 AI 스피커로 구현해 고객의 편의성을 높였다. 2018년 매출 287억 원, 영업이익 47억 원을 달성하기도 했다.

현재는 기존의 차량공유 서비스를 다양한 사용자층에 맞춰 변형된 스타트업 사례들이 나오고 있다. 네이비는 서울 시내 고급 아파트 단지 등에서 테슬라, 벤츠, BMW 등 고급 수입차를 이용한 '틈새시장'을 공략 중이다. 성수 트리마제, 반포 아크로리버파크, 등 고가 아파트에서 입주민 전용 차량공유 서비스를 운영하고 있는데, 해당 아파트에 배치된 차량을 입주민이 예약을 통해 이용하는 방식이다. 사용자층이 일반 차량공유 서비스에 비해 제한적임에도 불구하고 약 1년 만에 4,000명의 회원을 보유했고 누적 예약 건수는 1만 건을 기록했다.

구독 형태의 차량공유 서비스도 출시되었다. 더트라이브의 서비스는 보증금 없이 월별 이용 대금을 지불하고 차량을 사용할 수 있는 서비스로, 자동차 보험료 및 차량 유지와 관리에 필요한 별도의 비용 없이 월 구독료만 지불하면 된다는 것이 특징이다. 더트라이브에서는 특정 자동차 메이커의 단일 브랜드 차량으로만 구성된 서비스가 아닌 다수의 브랜드 차량을 사용할 수 있는 국내 최초 멀티 브랜드 차량 구독 서비스이기도 하다. 2019년 중소벤처기업부의 기술 창업 지원 프로그램인 팁스에 선정되어 구독자와 차량 매칭 서비스에 대한 R&D에 집중하고 있다.

스포츠와 융합한 스타트업의 비즈니스 모델들

웨어러블과 IoT의 개념이 스포츠와 융합하면서 스타트업들의 비즈니스 모델이 다양화되고 있다. 정보의 수준도 운동량 측정을 넘어서, 운동 후 치료까지 그 영역을 넓히고 있다. 또한, 홈 트레이닝 서비스와 가정용 운동기구의 수요가 증가하면서 운동 트렌드 역시 변화하고 있다. 이에 따라 현대인들은 피트니스 센터를 방문하는 대신 나만의 공간에서 원하는 때에 언제든 운동할 수 있기를 원하고 있는 것도 스타트업들이 노릴 수 있는 기회 중 하나다.

버핏의 스마트 훌라후프인 브이후프는 휘트니스용 훌라후프에 IoT 기술을 접목한 제품이다. 네덜란드 기업과 20억 원 규모의 유럽총판 계약을 맺기도 하며 해외에서도 주목받고 있다. 브이후프에는 가속도 센서와 블루투스가 장착되어있어 칼로리 소모량, 운동시간, 회전수 등을 애플리케이션을 통해 실시간으로 언제든지 확인할 수 있다. 회전수는 오른쪽, 왼쪽 등 회전 방향을 따로 제공해 불균형한 운동을 예방해주기도 한다. 목표 운동량 설정도 쉽다. 또한, 운동 기록을 일별, 주별, 월별 그래프로 표시해주며, 이를 조회하고 관리할 수 있다. 센서활용기술 및 데이터처리, 전송기술, 정보분석 및 메시징 기술 등이 융합되어 있어 후발주자들을 고려한 진입장벽도 만들었다.

평소 피트니스센터 방문이 어려운 고객을 대상으로 한, 찾아가는 1:1 맞춤형 운동관리 서비스인 후케어스를 운영하고 있다. 경력 7년 이상의 숙련된 물리치료사, 운동처방사, 교육강사가 사용자가 원하는 시간과 장소로 방문해, 검사와 병원 건강 검진, 식단 관리 등의 서비스를 제공하는 방식이다. 사용자는 후케어스 애플리케이션 내에서 강사 이력과 주요 레슨 분야, 이용 후기 등을 확인할 수 있다. 현재는 직원 복지 프로그램으로 운동 관리 서비스를 도입하는 기업을 대상으로 시장을 개척하고 있다.

스탠스는 사람이 좀 더 친숙한 기술을 만드는 것을 목표로 360 시각화 자세교정 솔루션 '다스리기'를 서비스한다. 다스리기는 360도 시각화를 통해 다양한 시점에서의 운동 영상을 제공한다. 고정된 구도에서만 트레이닝 영상을 제공하는 기존 서비스와는 달리 사용자 제어에 따라 다양한 시각에서 운동 자세를 확인하고 올바르게 트레이닝 할 수 있으며 VR 개념을 도입해 사용자가 운동 자세를 체험하고 순서에 따라 학습할 수도 있게 한다. 스마트미러를 비롯한 IoT 제품 연동을 통해 직접 자신의 모습을 보면서 운동하고 자세에 대한 즉각적인 피드백을 받을 수 있는 맞춤형 서비스 업데이트를 준비 중이다.

스트릭은 통증관리 전문 스타트업으로서 동명의 셀프 근육 관리기기를 개발했다. 스트릭은 2019년 4월 세계 최대 크라우드펀딩 사이트인 킥스타터에서 펀딩 5시간 만에 1만 달러를 달성했고, 최종 39만 달러(한화로 약 4억 5,000만 원)를 펀딩하는 성과를 올리며 해외에서 큰 주목을 받고 있다. 스트릭은 물리치료사가 통증을 풀어주기 위해 사용하는 도구에 전류가 흐르도록 효과적으로 개선한 제품으로서, 기존의 저주파수 진동 또는 진동타격 방식이 아니라 미세진동기술을 통합해, 통증 부위에 150초 정도 마사지하는 방식이다. 마사지 접촉 부분의 금속 테에 흐르는 $1mA$의 미세한 저주파 전류가 혈관을 자극하며 혈액 순환을 돕는다. 내장한 진동 모터는 1만 2,000rpm의 미세 진동으로 근육을 이완시킨다.

4

끊임없는 혁신을
만드는 테크시리즈

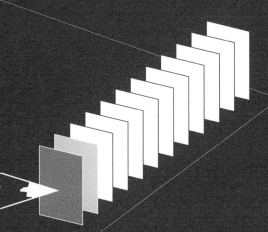

START-UP GUIDE 7

슬립테크, 헬스케어의 세분화, 스타트업 투자매력도를 높인다

헬스케어 시장은 다양한 기술과 접목되면서 그 방향이 세분화되고 있다. 슬립테크는 그중 하나로, 현대인들의 3분의 1이 만성적인 수면부족을 겪고 있다는 점에서, 그 시장의 잠재력은 크다. 최근 미국의 스타트업이 공개한 수면 로봇 베개 안에는 가속도계와 오디오 센서 이산화탄소 센서가 장착되어 있다. 가슴에 안으면 마치 사람이 숨 쉬는 것처럼 수축과 확장을 해서, 우리 몸의 긴장을 풀어주고 애플리케이션과 연동해서 심장박동 소리나 자장가 등 숙면에 도움이 되는 소리도 들려준다. 실제 실험결과, 참여자의 70%가량이, 더 깊은 잠을 잤다고 한다. 세계 최대 가전전시회 CES에서는 2017년부터 슬립테크관이 생길 정도로 스타트업 창업의 새로운 시장으로 떠오르고 있다.

주목받는 슬립테크의 또 다른 방향은 바로 수면 모니터링이다. 애플이 인수한 스타트업 베딧은 필름형태의 수면추적기를 선보였는데 이를 침대 시트 밑에 설치하면, 사용자가 언제 코를 골고, 언제 깊은 잠에 빠졌는지 등의 데이터를 축적해서 보여준다. 애플은 아이폰과 애플워치 등에 이 기술을 활용해 수면 케어 기능을 강화할 예정이라고 한다. 핏비트 등 웨어러블 밴드의 수면 모니터링 기능도 점점 정교해지고 있다. 정교한 모니터링은 수면의 질을 분석하고 향상 시킬 수 있다.

모니터링을 넘어서, 숙면을 유도하는 첨단 웨어러블 기기도 등장하고 있다. 첨단 숙면 머리띠 '드림'은 뇌생체기술에 기반한 것이다. 이를 머리에 착용하면, 수면 뇌파를 분석하고 이마쪽에 장착된 센서가 핑크노이즈라는 소리를 뇌에 전달함으로써 깊은 수면을 유도한다. 중국 기업이 공개한 스마트 슬립 글래스는 안경형태의 웨어러블 기기로, 존스홉킨스대학의 연구진이 10년간 연구한 수면과학을 기반으로 만들어졌다. 불면증 아침 무기력증 등을 해결하는데 도움을 준다.

슬립테크는 전통 침구가전에 스마트한 변형도 가져왔다. 스스로 움직이는 스마트 침대인 '슬립넘버 360'은 생체인식 센서가 있어서 사용자의 뒤척임이나 수면상태를 감지하는데 코골이를 감지할 경우 공기펌프를 이용해서 머리의 기울기를 7도가량 올려주고 온도와 조명, 음악을 조절해주는 기능도 제공한다. 국내 기업 코웨이도 스마트 시스템을 통해 CES 2018 혁신상을 수상하기도 했다. 코웨이의 매트리스는 잠자기 좋은 각도로 스스로 맞춰주는 것은 물론, 주변 환경을 모니터링해서 조명과 온도도 알아서 조절해 준다. 또한, 세계적인 뇌공학자 정재승 박사와 협약을 맺고 수면장애 개선 서비스를 개발해 나가고 있다.

스마트 알람시계 켈로는 애플리케이션을 통해 다양한 수면개선 기능을 제공한다. 빠르게 잠드는 프로그램을 선택하면 깜빡임 패턴을 바꿈으로서 숙면에 적합한 호흡을 유도하는 방식이다. 실제 이런 기능을 통해 2배 이상 빨리 잠드는 효과를 얻을 수 있는데 영국의 스포츠용품기업 언더아머는 첨단 숙면 잠옷을 선보이기도 했다. 이 잠옷은 원적외선을 발산함으로써, 피로회복은 물론, 잠을 더 잘 자게 도와준다.

수면을 돕는 것은 하나의 목표지만 다양한 기술적 시도를 통해 시장의 다양성과 규모는 더 커지고 있다. 잠 못 드는 스타트업 창업자들! 잠 못 들었던 경험과 이를 해결하려는 노력으로 이 시장에 출사표를 던져보라!

펫테크,
다양한 IT 융합 창업의 기회를 제공하다

우리나라의 반려동물 인구가 1,000만 명을 넘어서면서 반려동물을 위한 IT 융합 기술, 펫테크가 급부상하고 있다. 우리나라뿐만 아니라 전 세계적으로도 반려동물 인구는 늘어나는 추세이고 이웃나라 중국에서는 2억 명 이상으로 추산하고 있다. 중국에서도 펫테크 시장이 매우 뜨거운데 위챗의 공중하오 플랫폼을 통해서 다양한 펫 서비스가 하루를 멀다하고 등장하고 있다. AI, IoT, 빅데이터 등의 첨단 기술이 반려동물의 요람부터 무덤까지 케어해주는 서비스로 확장되면서 그 시장 또한 매년 빠르게 성장하고 있고 스타트업이 뛰어들기에 충분한 성공 가능성이 있다.

중국 스타트업이 선보인 로봇 펫시터 앤트하우스는 AI가 탑재된 로봇형태의 서비스로서 주인이 없을 때 반려동물에게 공을 던지면서 놀아주기도 하고 자동급식으로 식사를 챙겨주기도 한다. 내장된 카메라와 스피커로 반려동물이 뭘 하며 지내는지 주인이 한눈에 확인할 수도 있고 배터리가 떨어지면 충전장치가 있는 곳으로 가서 스스로 충전까지 한다. 이처럼 최근 펫테크 제품은 AI, 자율주행 등의 첨단 기술을 접목해서 보다 섬세한 보살핌이 가능한 것이 특징이며 스타트업들이 경쟁우위로 삼는 포인트이기도 하다.

현재 펫테크 창업시장이 활발한 분야 중의 하나는 반려동물의 건강을 관리하는 헬스케어 시장이다. 미국에 등장한 반려견 전문 유전자검사 기업은 침의 표본을 키트에 담아 보내면 혈통, 품종을 분석하고 질병까지 예측해 관리할 수 있게 해준다. 국내 스타트업이 개발한 반려동물 전용 소변 검사 키트는 반려동물의 소변을 통해 집에서도 손쉽게 초기 이상 징후를 파악할 수 있다. 이밖에도, CES 2018에서는 반려동물의 쾌적한 수면을 돕고 체중과 수면패턴을 분석하는 스마트 침대 시연을 보였고 미국에서는, 반려동물을 위한 AI 식단 서비스도 인기를 모으고 있다. AI가 스마트 기기를 통해 수집된 반려동물의 데이터를 분석해서 맞춤형 건강사료를 제공해준다.

반려동물을 위한 첨단 장난감 개발 판매도 추천할만한 분야이다. CES 2018에서 공개된 고양이를 위한 자율주행로봇 쥐 '마우서'는 자율주행 장난감으로서 달리기뿐만 아니라 뒤집기, 꼬리 움직이기 등 실제 쥐와 비슷한 동작을 수행할 수 있다. 국내 크라우드펀딩 사이트에서 목표금액의 4,000%를 달성한 반려동물 장난감 '고미볼'도 살펴볼 만하다. 이 제품에는 AI 자율주행 기술이 접목되어 있어 스스로 빛을 내고 이리저리 움직이면서 반려동물의 호기심을 자극한다. 내장된 자이로센서로 반려동물의 움직임을 파악할 수도 있고 애플리케이션과 연동을 통해 반려동물의 놀이패턴과 활동량 데이터를 확인할 수도 있다.

반려동물을 위한 또 다른 기술영역은 반려동물 환경개선 부문이다. 국내 스타트업이 개발한 고양이 전용 자동 화장실 '라비봇'은 배설물을 자동으로 청소하고 애플리케이션의 알림모드를 통해 배설 횟수와 시간 화장실 내부 상태, 모래 저장량까지 체크할 수 있다. 반려동물을 위한 IoT 하우스에 대한 연구도 진행 중인 스타트업이 있는데 이 스타트업들의 공통점들은 창업자들이 반려동물을 키워본 경험이 있다는 것이다. 창업 아이템의 발견은 누적된 경험이 임계치를 넘었을 때 나오는 직관에서 비롯된다.

비약하는 한국의 펫테크 스타트업

내가 2000년에 음성인식 벤처기업 SL2를 창업할 때, 친한 중학교 동창인 이종혁 대표는 도그원이라는 온라인 애견 쇼핑몰을 창업했다. 한국의 펫테크는 2000년대 초부터 1세대 기업들이 등장했다. 세계적으로도 매우 빠른 시작이었다. 현재 한국 펫테크도 AI, IoT, 빅데이터 등 첨단 기술과 결합되면서 반려동물을 요람부터 무덤까지 케어해주는 서비스로 확장되고 있다.

핏펫은 2017년에 설립된 펫 헬스케어 솔루션 회사로서 반려동물 건강의 이상 징후를 파악할 수 있는 소변검사 키트 어헤드를 국내 최초로 개발했다. 반려동물의 건강을 주기적으로 체크해야 하지만 동물병원에 매번 가는 것도 부담을 줄여주는 자가진단 솔루션이다. 어헤드는 석박사 출신의 소프트웨어 개발팀과 수의사가 함께 개발한 제품으로, 딥러닝을 적용해 사용자들이 촬영하는 이미지를 활용해 검사결과의 신뢰도를 높였다. 미국에 펫노스틱스라는 경쟁사가 있지만 딥러닝 기술을 통해 차별화에 성공했다. 핏펫은 또 다른 기술서비스는 애견 신원 확인 솔루션인 디텍트이다. 사람에게 지문이 있듯이 동물의 코에도 각자만의 비문이 있다. 유기 동물들의 얼굴을 찍으면, 반려동물은 물론 보호자의 정보를 실시간으로 확인할 수 있는 솔루션 개발에 성공했다. 이 기술은 동물에게 식별칩을 삽입하는 고통스러운 과정을 없앨 수 있다.

볼레디는 2013년 설립된 펫테크 스타트업으로 반려견을 위한 자동 볼슈팅과 급식기능을 융합한 스마트 펫제품을 개발했다. 미국 크라우드펀딩사이트 인디고고를 통해서도 3,000만 원정도 펀딩을 받았고 국내는 물론 해외시장에도 수출성과를 올리고 있다. 반려견의 분리불안 문제를 비롯해 운동 부족에 따른 비만까지 해결해주는 제품으로 공놀이만 하는 기존의 제품에 급식 기능을 융합한 자동운동 급식 펫케어 용품이다. 파블로프의 조건반사 원리를 바탕으로 한 이 용품은, 반려견이 공을 집어넣으면 보상으로 간식이 나오는 방식으로, 반려견이 자발적으로 놀이, 운동, 급식에 참여할 수 있게 한다. 반려견의 볼레디 중독을 미연에 방지하기 위해 공 투입에 따른 간식 제공을 3단계로 조절할 수 있고 사료 양도 4단계 조절이 가능하다. 이렇게 조절설정이 가능하기 때문에 사료 과다섭취 방지가 가능하다. 반려견이 물어뜯을 수 있는 전원 케이블 없이 리튬 이온 충전 배터리 시스템을 도입해 반려동물의 감전 위험을 줄였고 기기 하부 배수구를 설치해 반려견이 공을 투입할 때 흘리는 침 등의 액체가 기기 내부에 고이지 않는다.

펫닥은 지난 2016년 3월 설립한 스타트업으로 수의사와 실시간 무료상담을 할 수 있는 애플리케이션을 공급하고 있다. 반려동물을 대신 돌봐줄 사람을 연결해 주는 도그메이트 역시 유망 스타트업으로 주목받고 있다. 한국의 펫테크 시장은 다양한 펫 케어 서비스 영역이 가장 빠른 속도로 다양성을 가지고 발전하고 있다. 창업자들은 직접 반려동물을 키워본 경험을 기반으로 시장에 새로운 솔루션을 제시해 나가고 있다. 현재 미국과 중국 주도의 펫케어 서비스나 제품 시장에 한국 스타트업들이 나란히 어깨를 견주며 도전장을 내밀 날이 멀지 않았다.

블록체인, 스타트업 창업관점에서 어떻게 준비해야 하는가

스타트업 업계에서 나오는 주제 중, 당연히 블록체인을 빼놓을 수가 없다. 다양한 분야의 사업모델을 가진 스타트업들은 각자 자기 분야에 맞춰서 블록체인과의 연관성을 찾아나가며 미래 사업계획에 반영해 나가는 모습이다. 하지만 남들이 다 한다고 해 무작정 따라하는 것은 매우 위험한 일이다.

초기 스타트업은 자신의 분야와 기술개발에 대한 몰입이 중요한데, 단지 블록체인이 유행이라고 사업모델을 블록체인 기술에 끼워 맞추듯이 변형하는 것은 절대 권하지 않는다.

스타트업들이 가장 많이 받는 유혹은 일반적인 투자유치에는 실패했지만 사업 계획만으로 ICO를 성공했다는 다른 기업의 사례를 듣고, 갑작스럽게 ICO를 준비하는 것이다. 하지만 국내에서는 관련 법규가 없기 때문에 사실상 불가능하고, 싱가포르 등 관련 법규가 있는 나라에서 ICO를 한다 하더라도 상당히 많은 시간과 노력을 들여야 한다. 또한 싱가포르에서는 Reverse ICO를 제외한 분야는 ICO가 불가능 하다. Reverse ICO란 현재 운영이 되고 있는 사업의 자산을 블록체인 기술을 기반으로 해 암호화 화폐화해 ICO를 하는 것을 뜻한다. 결국은 실제 자산이 있고 암호화폐화 해 사업을 성장시킬 수 있는 분야에 국한된다는 것이고, 스타트업이 진행하기에는 무리가 있다.

블록체인 기반의 사업 모델을 세우고자 하는 스타트업들도, 시장의 문제를 정의하는 관점에서 접근할 필요가 있다. 블록체인은 기본적으로 노드에 기록된다. 업데이트 되는 정보도 모든 노드의 소유자가 공유하는 중앙에서 위변조가 불가능한 기술이다. 따라서 시장의 문제를 정의할 때는 중앙에서 위변조가 가능할 때 생기는 문제를 발견해 해결하는 방향으로 아이디어를 발굴하면 된다. 블록체인 기술은 노드를 생산할 수 있는 권한이 제한되느냐 또는 그렇지 않느냐에 따라 퍼블릭 블록체인 기술과 프라이빗 블록체인 기술로 나뉜다. 위변조 문제를 해결하는 관점에서는 노드의 정의를 제한적으로 할 수 있는 프라이빗 블록체인이 일반적으로 더 적합하다. 하지만 시스템 구성 전체를 프라이빗 블록체인 기술만으로 구현하는 것은 아직 효율성이 떨어지는 경우가 많기 때문에 기존 서버-클라이언트 시스템을 기반으로 필요한 부분만 프라이빗 블록체인을 활용하는 하이브리드 블록체인 시스템도 요즘 트렌드 중의 하나다.

아직 서비스가 나오지는 않았지만 가능성 있는 분야에 대해 살펴보자. 건강 상태를 기록해 노드에 저장하고 위변조를 막아, 건강 상태에 따라 보험료가 가변적인 블록체인 보험 시스템을 예로 들 수 있겠다. 건강 정보라는 것은 개인의 의지에 따라서 위변조가 가능하다. 개인의 의지뿐만 아니라 중앙 서버의 정책에 따라 오류가 발생할 수도 있다. 하지만 실시간으로 건강상태를 트랙킹해 그 정보를 노드에 저장한다면 실제 보험료가 합리적으로 조정될 수 있다. 규칙적인 생활을 하며 주기적으로 운동을 하며 건강관리를 하는 사람과 불규칙적인 생활을 하며 술, 담배를 끊지 못하는 사람 간에는 당연히 보험료 차이가 있어야 한다. 하지만 이들 정보를 위변조 없이 저장하는 것이 기존에는 어려웠지만 블록체인에서는 해결될 수 있다.

위변조의 문제를 블록체인으로
해결할 수 있는 분야를 찾자

한번 기록된 데이터의 위변조가 불가능한 블록체인의 특징을 활용하면 새로운 아이디어를 발굴하는 것이 가능하다. 중앙화 시스템이기 때문에, 위변조의 오류를 가진 산업분야에서 탈중앙화를 통해 확보한 무결성이 새로운 부가가치를 창출할 수 있는 아이디어는 창업 아이템이 될 수 있다. 특히 종이로 원본임을 증빙해야 하는 많은 분야는 블록체인을 이용함으로써 원장임을 증명하는 것이 가능하므로 관련된 창업분야도 다양하게 찾을 수 있다.

중고차 거래도 중앙이라고 생각할 수 있는 거래상들을 통해 많은 위변조가 일어난다. 중고차를 서로 사고, 팔면서도 판매자와 구매자가 상호 신뢰하지 않는 시장이다. 중고차 매매 시 블록체인을 활용해 사고와 운행패턴을 기록한다면 상당히 이상적인 중고차 시장을 만들어 낼 수 있을 것이다. 기존 중앙기반의 경쟁자와 완전히 차별화된 신뢰를 담보한 새로운 비즈니스 모델이 나올 수 있다.

식품의 유통시장도 블록체인을 통해 새로운 가치를 만들어 낼 수 있다. 유통기한을 표기하고 검증하는 유통을 단계를 보다 투명하게 만들 수 있고, 더 나아가서는 레스토랑에서 만들어내는 음식에 들어간 식재료들의 유통 과정과 생산지 정보를 고객들은 정확하게 알 수 있다. 정확한 정보를 제공하는 새로운 가치는 푸드테크 분야에 새로운 창업기회를 제공할 것이다.

의약품 생산과 유통과정을 추적해 가짜 약을 완전히 차단할 수 있다면, 사람들은 이 투명한 가치에 충분히 비용을 지불할 수 있을 것이다. 의약품 유통시장도 블록체인 기술을 도입한다면 투명한 유통관리가 가능하다. 특히 생명과 직결되는 의료 정보유통 시장은 원장 위조가 불가능하다는 사실만으로도 새로운 시장을 만들어낼 부가가치가 충분하다. 이미 국내 스타트업 중에 관련 사업모델을 가지고 엑셀러레이터 투자를 받은 곳이 나오기도 했다.

졸업증명서, 경력증명서 등은 아직도 종이 원본이나 디지털 서명 등에 비용을 지불하는 형태가 많다. 디지털 서명조차도 위변조가 가능해 가끔 사고가 일어나기도 한다. 만약 종이 대신 블록체인 디지털 원본을 계약이나 이해당사자에게 보낼 수 있다면 이 또한 새로운 창업 영역이 될 것이다. 더 발전된다면 등기부등본이나 토지대장 등 자산에 대한 증빙도 블록체인 기반 기술로 바뀔 수 있는데. 지금 부동산 매수 이후 등기부 등록을 하는 절차를 블록체인 원장에 기록하는 식으로 진행하는 것이 가능하다.

B2G^{Business to Government} 시장에도 많은 기회가 있다. 위에서 언급한 등기부등본이나 토지대장 외에도 미국의 몇몇 주에서는 블록체인 공증문서의 법적효력을 보장하려는 움직임이 있다. 총기 추적관리와 전자투표법안에 대한 논의도 이뤄지고 있다. 또한 두바이에서는 블록체인을 활용해 입국심사를 간소화하는 방안을 모색하고 있으며, 영국의 고용연금부 또한 복지수당 운영에 블록체인을 적용하는 방

안을 검토하고 있다. 블록체인은 다양한 산업에 걸쳐서 다양한 솔루션을 제공할 수 있는 기술이며 그만큼 많은 창업기회도 제공한다. 블록체인 기술의 원리부터 차근차근 습득한 뒤, 블록체인을 기반으로 솔루션 제공형태로 창업하는 것을 추천한다.

퍼블릭 블록체인을 기반으로 한
플랫폼 협동주의식 창업

초기 블록체인에 대한 이해는 대부분 비트코인을 중심으로 한 암호화폐 자체에만 집중되었다. 그러나 2016년으로 넘어오면서 분산원장이라는 블록체인의 기본 개념이 더 부각되기 시작했고 플랫폼으로의 접근도 다양해졌다. 이를 기점으로 1세대와 2세대로 분류하기도 한다. 1세대는 비트코인 중심이었다면 2세대는 이더리움에 의해 플랫폼의 모습을 갖춰간다. 하나의 네트워크를 구성하는 모든 참여자가 동등으로 거래 정보를 검증, 기록, 보관함으로써 중앙시스템이 없더라도 거래 기록의 신뢰성을 확보할 수 있는 장점이 있기 때문에 무결성을 보장하면서도 참여자의 평등을 지향하는 플랫폼으로서의 진화가 계속되고 있다. 이더리움은 튜링완전성을 갖춘 확장용 언어를 갖추었기 때문에 스마트 컨트랙트를 프로그래밍하는 것이 가능하다. 튜링 완정성이란 수학적 시뮬레이션인 튜링머신의 수준까지 프로그래밍이 모두 가능함을 의미한다.

이러한 2세대 블록체인 플랫폼은 지난 수년간 유니콘 기업들을 만들어낸 애플리케이션기반의 플랫폼 독점식의 사업모델에 반기를 든 플랫폼 협동주의식 창업으로 이어지고 있다. "우버는 부자가 되었지만 우버 기사들은 아직 가난하다. 만약 우버 기사들의 급여를 토큰으로 지급했다면 모두가 부자가 되지 않았을까"라는 탈중앙화 논리로 창업을 한 기업이 이미 등장하고 있다. 미국 텍사스 오스틴의 아케이드 시티라는 스타트업은 우버가 오스틴 시에서 입법화한 운전자 신원확인을 위한 지문등록 의무화 정책에 반기를 들고 철수한 후부터 주목받기 시작한다. 블록체인을 통해 기사와 손님을 직접 연결함으로써 중앙에 의해 조정, 통제하는 요금체계 대신 기사와 손님이 협의해 양쪽 모두 만족스러운 운임으로 서비스를 설계했다.

이스라엘의 라주즈도 유사한 플랫폼 협동주의 스타트업이다. 차량공유 서비스를 이용할 때 주즈라는 토큰으로 결제하게 한다. 참고로 토큰과 코인의 차이점은, 이더리움같은 플랫폼 제공자는 코인을 발행할 수 있고 그 플랫폼 위에서 스마트 컨트랙트를 구현한 주체들은 다시 토큰을 발행할 수 있다고 이해하면 된다. 라주즈는 중앙소유개념 없이 커뮤니티를 기반으로 모든 운영자들이 팀을 구성해 참여하고 각 팀별로 기여에 따라 보상을 해주는 구조다.

O2O영역뿐만 아니라 커머스 영역에서도 플랫폼 협동주의 움직임이 보인다. 오픈바자르는 분산형 커머스 플랫폼으로서, 특정 중앙

플랫폼이나 MD를 거치지 않고 구매자와 판매자가 서로 직접 소통하며 거래할 수 있게 해준다. 누구나 상품을 등록하면 네트워크에 연결된 모든 사용자에게 노출이 되는 형태로 운영된다.

2018년, 페미니스트 단체들이 페이스북 한국지사 앞에서 검열에 의한 사진 삭제에 항의하는 집회를 한 적이 있다. 이러한 이슈들은 비단 한국뿐만 아니라 전 세계적으로 이슈인데, 블록체인 기반의 탈중앙화된 소셜미디어 네트워크 서비스들도 플랫폼 협동주의식 창업 대열에 합류하고 있다. 이미 '스팀잇' '아카샤' '시네레오' 등의 분산형 소셜미디어 서비스가 등장했다. 이들 서비스는 근본적으로 검열을 무력화시킨 탈중앙화 플랫폼으로서 노드에 기록된 정보를 기반으로 서비스를 이어간다. 글을 업로드하거나 수정, 삭제를 할 때 비용을 지불하고, 보상체계는 사용자들 간의 메시지와 평판을 기반으로 설계되어 있다.

오픈 API기반의
SaaS형 CRM 시장에 도전장을 던져라

고객과 대면하지 않는 모바일 기반의 전자상거래 시장이 확장되면서 고객관계관리, CRM^{Customer Relationship Management}의 수요는 점점 늘어나고 있으며 그 시장 또한 커지고 있다. 1999년에 설립된 세일즈포스는 현존하는 가장 유명한 CRM 전문 소프트웨어 회사다. 세일즈포스가 시장 점유율을 높이기 전에도 다양한 CRM 솔루션은 있었다. 하지만 대부분 SI를 수반한 패키지솔루션 형태라 고가였고 한정된 대기업만 도입이 가능했다. 하지만 세일즈포스닷컴은 SaaS 기반의 클라우드 과금 방식 및 서비스를 지향하기 때문에 CRM 시장을 확장했다는 평가를 받고 있다.

2018년 세일즈포스가 애플리케이션 통합 기술 스타트업 뮬소프트를 65억 달러(한화로 약 6조 9,602억 원)에 인수했다. 세일즈포스는 최근 오픈 플랫폼, 사물인터넷 등 신규 기술 투자를 강화하고 있다. 뮬소프트는 서로 다른 애플리케이션의 데이터들을 통합시켜주는 기술을 보유했는데 애플리케이션이 데이터를 공유하고 연동하기 위해 사용하는 API를 쉽게 활용하고 관리하는 방식이다. 세일즈포스는 뮬소프트 인수로 세일즈포스 고객이 다른 클라우드 제품들을 통합 활용할 수 있게 해 오픈 플랫폼 전략을 더욱 강화했다.

최근 한국의 CRM 스타트업인 소프트자이온도 크라우드형 서비스인 '셀비스 ssCRM'을 출시했다. 문자와 이메일, 모바일메신저, 고객정보, 상담정보 등에 기반을 둔 캠페인 관리 시스템으로 고객이 탈율을 줄이고 고객관계유지율 향상을 지원한다. 셀비스 ssCRM는 한번 유입된 영업 리드, 마케팅 이벤트 성과. 영업 리드 가중치, 그리고 금액과 시간에 대한 관리를 크라우드 형태로 제공해 준다. 그외 개인 고객별로 상담정보와 마케팅 메일 발송 등 이력 관리도 지원한다. 현재 고객구매율 및 반응율 향상, 영업목표 달성 등 개인 맞춤형 관계 관리를 돕는 셀비스 2.0 서비스를 제공 중이며 머신러닝 기반 AI 고객관리비서 엔진도 개발을 완료해 차후 셀비스 3.0 제품으로 업그레이드 출시할 예정이다.

크라우드 기반의 Saas형 CRM시장은 관련 업종의 판매 경험치를 가지고 있다면 창업을 시도해볼 수 있는 유망한 분야다. 물론 세일즈포스는 거의 전 업종을 지원하고 있지만 아직 아시아 시장에서는 보편적이지 않다. 시장을 세분화해 창업자의 지적 우위가 있는 시장 지식을 기반으로 특정 업종의 CRM SaaS 창업이 가능하다. 금융업 CRM, 외식업 CRM, 교육업 CRM, 유통업 CRM, 건축업 CRM 등 다양한 영역의 시장이 존재한다. CRM은 ERP, POS 등 다양한 소프트웨어군과 연동이 되어야 하기 때문에 오픈 플랫폼 전략으로 연동가능한 소프트웨어 플랫폼 회사와 협력해 시장을 열어가는 것이 좋다.

스타트업 입장에서는 오픈소스를 활용한 CRM 컨설팅 형태의 창업을 하는 것도 좋은 방법이다. 추천하는 첫 번째 CRM 오픈소스는 에페시로, 사용자가 여러 사용자 간에 업무 기록을 작성하고 공유하게 해주는 무료 오픈소스 애플리케이션이다. PHP/Ajax 프레임워크를 기반으로 구축되어 사용자가 요구 사항에 맞게 커스터마이징 할 수 있다. CRM 플랫폼의 모듈식 설계는 확장하기에 유연하다. 에페시는 서버에 데이터를 저장하고 어디서나 접근할 수 있는 크라우드 형태인데 30개 이상의 언어로 제공되며 윈도우와 리눅스 운영체제뿐 아니라 애플 OS X와 iOS에서도 다운로드할 수 있다.

두 번째로 추천하는 에스포 CRM은 GPLv3에 따라 배포되는 웹 기반 및 오픈소스 CRM을 모두 제공하는 무료 오픈소스다. 영업 자동화, 재고 관리 그리고 마케팅 자동화 등에 다양한 기능을 제공한다. 에스포 CRM은 자체 호스팅 방식의 오픈소스 CRM 서비스를 통해 CRM을 무료로 데이터베이스 크기 제한 없이 로컬에 저장하게 해준다.

세 번째는 오두 CRM이다. 오두는 직관적인 사용자 경험과 활발한 커뮤니티가 있는 풍부한 기능의 오픈소스 CRM이다. 이 CRM 애플리케이션에는 사용자 지정 대시보드, 실시간 보고서, 일정관리 툴, 공동 작업이 가능한 기능이 포함되어 있다. 또한 이메일 마케팅 및 청구서 같은 다른 오픈소스 오두 애플리케이션과도 API형태로 연동할 수 있다.

협업툴 스타트업, 그룹웨어 SaaS의 새로운 시장을 형성하다

협업툴 시장은 그룹웨어 시장의 일부로 그 시장성에 대해서도 5년 전만 하더라도 시장성에 의문을 던지는 투자자들이 많았다. 하지만 현재는 떠오르는 SaaS 스타트업 시장으로 분류되어 많은 세계 경쟁력을 갖춘 스타트업들이 등장하고 있다. 세계에서 소프트웨어 개발자들이 함께 일하고 있는 실리콘 밸리에서는 이미 다양한 협업툴에 대한 적용이 이뤄지고 있다. 실리콘 밸리의 기업들은 전체 임직원들의 동의를 얻은 후에서야 업무를 진행하는 기존의 전통적인 방식보다는 신속한 의사 결정 과정을 지향한다. 관련해서 이미 협업툴이 활성화되었고 노트 앱 형태의 서비스부터 자리 잡게 되었다.

실리콘밸리에서 2012년 최초 출시된 협업툴 큅은 노트 애플리케이션으로 서비스를 시작했고 2016년 세일즈포스에 의해 8,000억 원에 인수된 후 하나의 페이지 안에서 파일 및 일정 공유, 프로젝트 관리, 그리고 업무 온라인 토의를 진행할 수 있는 형태로 업그레이드되었고 세일즈포스의 CRM 서비스와 강력하게 연동된다는 장점을 갖고 있다. 노션은 2016년에 등장한 서비스로 가벼운 CRM 관리, 일정 및 프로젝트 관리, 그리고 노트 정리까지 원스탑으로 가능하다.

콜라비, 라인웍스, 아지트 등 한국의 협업툴 플랫폼들도 2016년을 기점으로 자리 잡기 시작했다. 콜라비는 '이슈'라는 업무 문서 안에서 실시간 동시 편집은 물론 할 일, 일정, 파일, 그리고 의사 결정을 빠르게 공유하고 담당자를 지정할 수 있고, 댓글 영역에서 업무에 관련된 피드백을 빠르게 주고받을 수 있다. 콜라비팀은 미국 법인 설립을 성공적으로 마치고 지속적으로 발전하고 변화하고 있는 미국 시장에 진출을 시작하기도 했다. 라인웍스는 직원의 개인정보 보호와 조직관리를 위해 만든 기업용 메신저를 표방하며 별도의 구축, 운영, 유지보수 비용 없이 사용한 만큼 요금을 내는 클라우드 서비스 형태로 시장에 자리 잡았다. 카카오의 사내메신저로 출발한 아지트의 경우 프랜차이즈, IT, 콘텐츠, 금융 등 2만 개 기업 및 단체에서 활용하는 수준으로 확대됐다. 업무 목적에 따라 게시판 역할을 하는 '그룹' 메뉴를 통해 멤버들과 소통할 수 있다. 아이디로 알림을 보내는 '멘션' 기능부터 '일정' '노트' '대화' 등의 메뉴로 업무 편의성을 높이는 데 활용한다.

2017년 이후 또 다른 스타트업들이 각각의 시장을 정의하며 이 시장에 도전장을 내고 있는데 토스랩의 잔디도 스타트업이 사용하는 협업툴 시장에서 주목받고 있다. 국내 스타트업에 잔디를 1년간 무상 지원한다고 밝히기도 했다. 잔디를 개발한 토스랩은 공과 사를 구분하지 않는 국내 근로문화를 바꾸기 위해 미국 실리콘밸리에서 협업툴로 성공한 '슬랙'을 참조했다. 사용자 피드백을 축적한 잔디는 주제, 팀별 대화방기능을 제공하고 클라우드서버를 기반으로 한 대용량 가상 저장 공간을 지원하는 등 편의성을 확대하고 있다. 현재 15만 조직에서 사용 중이다. 또한, 마드라스체크의 협업툴인 플로우는 기업의 자료 유출을 방지하기 위한 파일 다운로드 모니터링 기능은 물론, 사용자별로 장치접속을 관리할 수 있어서 계정 도용 및 스마트폰 분실 시에도 정보의 유출을 파악하고 원격지에서 연결을 끊을 수도 있다는 장점이 있다.

유통이나 제조 대기업을 겨냥한 서비스도 있다. GRAP은 본사와 매장 간 유기적인 소통과 협업이 중요한 유통업에 최적화된 기능을 제공하고 있다. 본사와 매장에서 일어나는 다양한 정보를 실시간으로 확인할 수 있는데 각 매장에서 다양한 뉴스들이 실시간 업데이트되는 유통업의 특성에 맞게 뉴스피드 기능이 제공된다. 해시태그나 계정 언급 기능 등을 활용하면 특정 업무별 뉴스만 따로 모아서 검색, 확인할 수도 있다. 최근에는 제조업을 위한 공장 리스크 관리 등이 포함된 기능을 업데이트해 화제가 되기도 했다. 페이퍼리 또한 또 다른 틈새시장을 정의하고 있는 스타트업인데 'PDF 콜라보레이션 크로스 플랫폼 툴'을 새롭게 정의해 기존 협업툴 플레이어들의 애드온 시장을 개척 중이다.

미세먼지 문제를 해결하는
스타트업들

매년 미세먼지 때문에 서울의 풍경이 달라지고 있다. 삼한사미三寒四微, 즉 "3일은 추위, 4일은 미세먼지가 기승을 부린다"는 말은 이제 익숙하다. 미세먼지는 관측 이래 최장기간 하늘을 뒤덮고 있다. 하루 종일 마스크를 쓰는 풍경이 더 이상 낯설지가 않다. 정부에서도 미세먼지 문제를 해결하기 위해 LPG 차량 구매 전면허용 등의 여러 가지 정책을 만들어내고 있지만 단기간에 국민들의 건강을 지켜주기는 어려워 보인다. 이 문제를 해결하기 위해 도전하는 스타트업들이 있다.

크라우드펀딩 사이트 와디즈에 올라온 미세먼지 관련 제품만 해도

130개에 달한다. 뿌리는 산소통부터 산소발생기계, 입에 물고 다니는 웨어러블 공기청정기, 미세먼지 차단 커튼 등 종류도 다양하다. 물을 사먹는 것은 이미 보편화된 지 오래지만 공기도 사마시게 되었다. 공기를 입과 코에 불어넣어주는 스프레이인 '지리에어'는 지리산 내 청정공기를 모은 뒤 압축 공정을 거쳐 6L 스프레이 공병에 담은 제품으로, 120번 사용할 수 있다. 가정용 산소발생기 '하루산소'는 과산화칼륨이 주성분인 가루 형태의 고체 산소가 공기 중 이산화탄소와 수분을 흡수해 산소를 발생하는 원리라고 한다. 휴대용 미세먼지 측정기 시장도 커지고 있다. 스타트업 먼지몬지는 스마트폰에 꽂으면 즉시 미세먼지 수치를 알려주는 '몬에어'를 출시했다. 환경부가 제공하는 정보는 실시간이 아니기 때문에 외부활동에 대한 실시간 정보가 필요한 사람들을 위한 것이다.

공기 청정기 시장에 도전하는 스타트업들도 있다. 공기청정기는 그동안 대기업들의 시장으로 알려져 왔지만 많은 스타트업이 성공적인 틈새시장 공략을 하고 있다. 블루필은 CES 2019에 참가해 휴대용 공기 청정기를 선보였는데 입을 막지 않고 편안하게 숨을 쉬면서도 미세먼지를 막을 수 있는 기능으로 호평을 받았다. 깨끗한 공기를 지향성 있게 보내주는 1인용 공기청정기로, 자동차, 유모차, 사무실, 카페 등 다양한 공간에서 사용할 수 있다. 또한 장소에 따라 사용이 가능한 다양한 거치대를 지원하며, IoT 기반의 스마트폰 애플리케이션과의 연동으로 종합 공기 솔루션이 가능하다.

또 다른 공기청정기 시장은 DIY 공기청정기, 즉 공기청정기를 직접 만들어 사용하는 제품이다. 공기청정기의 구조는 생각보다 간단하다. 공기청정기는 공기 중에 있는 미세먼지를 비롯해 세균이나 바이러스, 악취 등의 오염 물질을 흡입구를 통해 빨아들인 후 필터로 먼지를 걸러서 배출구로 깨끗한 공기를 내보내는 구조다. 바람을 내보낼 수 있는 선풍기나 환풍기, 에어 서큘레이터 같은 제품에 필터만 결합하면 누구나 공기청정기를 만들 수 있다. 이 때문에 기존에 있는 기기에 필터만 붙이거나 추가로 환풍기를 2만~3만 원 정도에 구매해 총 5만 원 정도로 공기청정기를 만들 수 있다. 스타트업들은 공기청정기를 만들 수 있는 각종 재료를 팔기도 한다. 이 스타트업들의 제품은 에어 서큘레이터, 필터, 전원케이블, 스위치, 나사 등으로 구성되는데, 5만~6만 원 정도를 주고 주문해 조립만 하면 된다.

이 시장에서 가장 선두를 달리고 있는 스타트업 다르텍이 개발한 '헤파팬'은 공기를 여과시키는 팬으로 선풍기 팬과 교체하면 선풍기를 공기청정기로 사용할 수 있다. 일반적으로 공기청정기는 팬으로 일으킨 바람을 여과장치인 '헤파필터'로 통과시키는 방식이다. 헤파팬은 헤파필터로 만들어진 팬을 회전시켜 DIY 공기청정기의 소음 발생 문제를 극복했다.

한국 스타트업들의 공기청정기, 특화된 기술로 무장하다

국내 전자제품 가격 비교 사이트 '다나와'의 검색어 1위는 공기청정기다. 이중에서도 샤오미의 '미에어 프로(18평형)' '미에어2S(11.1평형)' 등이 삼성전자나 LG전자 제품보다 상위에 랭크되어있다. 많은 기업이 최소 30만 원부터 최대 100만 원대 수준의 공기청정기를 내놓고 있는 반면, 비슷한 성능의 제품을 샤오미는 10만 원대에 판매하고 있어 그렇다. 필터를 6개월에서 1년에 한번씩 주기적으로 갈아줘야 하는 특성 때문에 유지 비용면에서도 샤오미는 가격 경쟁력을 인정받고 있다. 샤오미 필터의 가격은 2만~3만 원이다. 국내 기업 중 필터값이 저렴해 잘 팔리고 있는 위니아 에어컨의 정품 필터가 5만 5,000원인 것과 비교해도 절반 수준이다. 또한, 샤오미는 린스타트업 제조 개념을 도입해 공기청정기 시장을 동시다발적으로 공략해 나가고 있다.

국내 공기청정기 스타트업들도 각 세분화된 시장에서 특화된 기술로 글로벌 시장을 개척해 나가고 있다. 차량용 제품은 물론, 목걸이형 웨어러블 공기청정기, 유모차용 제품 등으로 시장이 세분화되면서 기업들의 기술경쟁 또한 뜨거워지고 있다. 토네이도시스템즈는 2014년 2월에 설립된 환경전문 스타트업이다. 특히 실내공기질 개선을 위한 미세먼지 포집, 제거에 특화된 기술을 갖고 있다. 자연현상인 토네이도의 흡입력을 모방한 회오리 진공 배기장치 기술을 기반으로, 주택, 빌딩, 산업현장의 실내공기질을 획기적으로 개선할 수 있는 부유먼지 청소기, 환기, 주방후드, 산업용후드 등 다양한 제품을 만들고 있다. 이 기술은 한국, 중국, 일본, 미국, 유럽 등 전 세계 주요국가에서 특허기술로 등록되어 기술 진입장벽도 갖춘 상태다. 토네이도시스템즈는 상향평준화된 최고등급 헤파필터의 효용성을 극대화시키기 위한 흡입력에 집중해 혁신적인 공기정화 방식을 개발했다. 2배~3.5배 증가된 흡입력과 흡입 유속과 20배 이상 확대된 유해물질 포집범위로 공기청정기의 성능을 높였다.

피코피코는 편백나무 공기청정기 '수피'를 통해 화제가 된 기업이다. 수피 공기청정기는 미세먼지와 매연을 정화시켜주는 것은 물론, 편백나무로부터 피톤치드도 내뿜는다. 작은 사이즈에 무게도 250g 정도로, 매우 가벼워 탁상위에 설치하거나 휴대하기에도 간편하다. 대부분의 공기청정기는 ABS플라스틱으로 만들어지지만 수피는 항균효과뿐만 아니라 면역기능향상 탈취효과까지 있는 편백원목으로 마감처리를 했다. 나무의 질감을 살리기 위해 목공예 작가와의 협업한 아날로그 감성을 살리는 디자인을 완성시켰다. 또한 강력한 터보모터를 활용해 흡입력을 높였고, 그에 맞춰 소형 공기청정기에서는 사용하기 어려운 13등급 헤파필터를 사용한다. 이는 통과시키는 입자의 양이 12등급 헤파필터를 사용하는 일반 소형 공기청정기 대비 상당히 우수하므로 공기정화력 측면의 경쟁우위도 갖췄다.

공기청정기 시장에 도전하는 스타트업 중에서 클레어를 빼놓을 수 없다. 2015년 킥스타터에서 큰 관심을 모은 클레어는 이후 2017년 중국의 징둥이 운영하는 JD 크라우드펀딩에서도 14억 이상을 모금하며 중국에 진출한 한국 스타트업의 모범 사례가 되었다. 클레어는 독일에서 개최한 소비재 박람회인 AMBIENTE 2019에 참가해 중형급 가정용 공기청정기 신제품 '클레어 H1' 라인업을 선보였다. H1은 자체개발한 필터를 적용해 초미세먼지를 잡는 공기청정 기능을 높였고, 개인 공간에 적합한 매력적인 디자인을 통해 침실, 어린이 방 등에 사용할 수 있는 것이 특징이다.

코딩교육 로봇,
손에 잡히는 놀이의 경험치로 승부하라

코딩교육 시장이 놀이의 경험치를 극대화하기 위해 로봇 분야와 결합하며 확대되고 있다. 스피로볼트, 뚜르뚜르, 오조봇, 스탯뜨, 큐브로이드 등 이미 다양한 코딩교육 로봇이 각자의 영역에서 시장을 개척해 나가고 있다. 특히 스피로볼트는 새로운 웨어러블 기기로 예술적 변신을 시도하기도 했고 영화 〈스타워즈〉 시리즈에 나오는 '드로이드'와 같은 생김새의 로봇을 출시하기도 했다.

스피로의 스피로볼드는 장난감에서 벗어나 과학, 기술, 공학, 예술, 수학을 의미하는 STEAM(Science, Technology, Engineering, Art,

Math) 분야에서 아이들의 학습을 지원하는 교육용 로봇에 초점을 맞추기 위해 컴퓨터 프로그래밍 기술을 가르친다. 반면, 스피로의 스펙드럼은 음악을 표현할 수 있는 제품으로, 반지처럼 생긴 작은 링을 손가락에 끼우고 색깔을 터치하는 방식으로 연주할 수 있다.

오조봇은 우리나라의 어린이들이 가장 많이 찾는 코딩교육 로봇 중의 하나이다. 지름 3cm의 작은 원형 로봇으로 바닥에 그려진 선을 인식해 선을 따라 움직인다. 선을 직접 그려서 움직임을 유도할 수도 있고 코딩을 통해 명령을 내릴 수도 있다. 로봇은 5가지 색상별로 지정된 명령어를 인식해 미션을 수행한다. 아두이노 보드를 기반으로 눈, 바퀴 등의 로봇 모양의 부품이 부착되어 있는데 모두 3D 프린터로 제작된 것이다. 어린이 소프트웨어 교육용 툴인 스크래치 코딩을 통해 축구, 미로찾기 등을 하게 할 수도 있다.

전 세계 코딩교육로봇 시장은 2023년이면 1조 9,700억 원 규모로 커질 전망이다. 한국 스타트업 삼쩜일사에서 출시한 카미봇은 종이와 로봇을 융합한 스마트 토이 제품으로 종이와 로봇을 결합한 제품이다. 둥근 형태의 카미봇 소형 로봇의 본체와 종이로 만든 캐릭터 로봇으로 구성되어 있다. 캐릭터 로봇은 모듈에 자석이 부착되어 있어 탈부착이 용이하며 건담, 드라큘라, 프랑켄슈타인 등 원하는 다양한 캐릭터를 직접 만들어 씌울 수 있다. 캐릭터 도면은 삼쩜일사 홈페이지에서 무료로 제공되기 때문에 다양한 외형으로 카미봇을 무한 변신시킬 수 있다. 카미봇 본체에는 IR센서, 초음속센서, LED 등을 갖추고 있으며 스마트폰으로 컨트롤러 애플리케이션을 실행시켜 캐릭터에 맞게 LED색을 변경하거나 로봇의 속도, 방향 등을 설정하고 조종할 수 있다. 또한, 카미봇은 아두이노, 스크래치 등을 사용할 수도 있기 때문에 코딩 교육에 효과적으로 활용할 수 있다.

또 다른 한국 스타트업인 큐브로이드는 지난 CES 2019에서 멕시코 바이어와 60만 달러의 수출 계약을 체결하기도 했다. 큐브로이드가 선보인 것은 IoT 스마트블록으로, 모양 블록, 연결 블록, DC 모터, 근접 센서 블록 등 각기 다른 모양의 블록으로 구성되어 있다. 원하는 모양을 자유자재로 만들 수 있고 레고와 호환이 가능해 어떠한 모양이든지 만들 수 있는 확장성도 가지고 있다.

드론형태의 로봇으로 접근하는 코딩교육 로봇 회사도 있다. 드론학교는 코딩교육용 드론에 집중해 자체적으로 개발한 교육용 드론을 활용해, 2018년부터 초중고 학교에서 의무화된 코딩 교육과 접목해 직접 경기도에 개설한 교육센터에서 활발히 코딩 교육을 진행해 오고 있다. 지난 4년간 이미 5,000명의 학교와 교육센터에서 코딩교육드론로봇을 활용한 다양한 형태의 교육을 받았다. 특히 출시될 2.0버전에서는 창의, 융합, 메이커, 코딩 등 STEAM 교육을 위한 교육 수요자와 공급자들을 연결하는 기능이 대폭 강화되었다.

베이비테크 성장기의
새로운 스타트업 시장

유아를 위한 제품을 개발하는 베이비테크도 주목할 만한 분야다. 임신과 육아 분야 제품들이 기술적 혁신을 거듭하면서 베이비테크는 새로운 시장을 이미 형성하고 있다. 모닛의 기저귀 센서는 기저귀에 부착하면 대변과 소변을 구별해서 알려준다. 제때 기저귀를 교체하도록 도와줌으로써 아기의 기저귀 발진과 요로 감염 예방을 도와준다. 또한 모닛의 공기질 측정 허브는 아기 주변의 온도, 습도, 유해가스를 측정하고 아기에게 위험한 범위를 넘어가게 되면 알려줘 태열과 아토피 피부염 예방에 도움을 준다. 이러한 기술은 애플리케이션과 연동해 대소변 빈도, 환경 정보, 아기 성장 정보 등을 기록 및 분석하고 여러모로 육아에 큰 도움을 준다.

크라잉베베의 아기 울음소리 분석 시스템은 100일 미만 아기들이 본능적으로 우는 발음 모양을 음파 분석해 다섯 가지 상태로 분류해 알려준다. 크라잉베베는 현재 1,000만 개의 울음 분석 데이터를 보유하고 있으며 출시 초기 80%였던 분석 정확도는 90% 이상으로 높아졌다. 크라잉베베 울음분석기 애플리케이션은 부모들이 아이가 우는 이유를 알게 도와주므로 육아에 많은 도움이 된다는 평가를 받고 있다.

아이앤나는 현재 전국 200개 이상의 산후조리원과 제휴해, 언제

어디서나 아이를 실시간으로 볼 수 있는 베베캠 서비스를 운영하고 있다. 여기서 수집된 신생아정보를 기반으로 아기를 24시간 관찰 및 케어할 수 있는 카메라 'AI맘'을 개발해서, 해외전시회 등에서 호평 받고 있다. 앞서 말한 크라잉베베의 분석 시스템과의 차이는 아기의 울음소리뿐만 아니라 영상정보도 함께 분석에 사용한다는 점이다. 마이크 스피커와 안면인식 시스템이 적용되어 울음소리와 움직임, 얼굴 표정 등을 통해 아이의 상태를 부모에게 알려준다. 길재소프트는 산부인과용 의료 초음파 영상을 VR과 융합한 제품 'VR 피터스'와 산모용 애플리케이션 '알러뷰'를 개발했다. 2019년에 열린 CES 2019에서도 큰 호응을 얻었으며, 현재 국내 및 해외 10개 국가로 진출하고 있다. VR 피터스는 VR 기술을 이용해 뱃속 아기의 얼굴과 신체를 입체적으로 미리 만나 볼 수 있는 제품이다. 산모가 병원에서 입체 초음파 검사를 받을 때 착용하면, 입체초음파 진단기기로 형상화한 태아의 얼굴을 여러 각도에서도 생생하게 볼수 있다. 국내 초음파 제조사와 협업해, VR로 영상을 직접 조작할수 있으며, 초음파 영상을 태아 얼굴의 특징과 머리둘레와 같은 임상데이터가 반영된 3D 태아모델로 변환해 VR로 보는 기능이 제공된다.

비욘드랩도 기저귀가 소변으로 젖으면 스마트폰으로 알려주는 기저귀 센서 케어벨을 선보였다. 초소형 사이즈로 제작된 케어벨은 비접촉식 감지 방식으로 오염을 예방하고 아기 엉덩이 피부발진 및 요로감염을 예방하는데 도움을 준다. 아기 소변을 일, 주, 월 단위로 체크해 건강기록을 애플리케이션을 통해 관리해준다. 부모들은 아이의 용변 시간, 횟수 등의 통계 기록을 주기적으로 보고 아이의 건강상태를 확인할 수 있다. 하나의 스마트폰에 케어벨을 6개까지 연결이 가능해 다자녀를 둔 부모들도 걱정 없이 사용할 수 있다.

영어교육 시장이 스타트업의 혁신으로 진화한다

영어교육 시장은 끊임없이 방식이 진화하며 많은 스타트업 기업들의 시장이 되어왔다. 2000년에 나는 'CES 영어'라는 오디오 영어학습 교재에 음성인식 발음교정 소프트웨어를 개발한 경험이 있다. AI 기술이 적용된 지도 20년을 바라보는 영어교육 에듀테크 시장은 갈수록 뜨거워지고 있다. 투자규모도 점점 더 커지고 있는데 링글은 최근 시드라운드로만 19억 원 규모 투자를 성공적으로 마쳤다. 링글 서비스는 200개에 달하는 시사 이슈 교재를 제공하며 40분 동안 튜터와 화상 영어 방식으로 수업이 진행된다. 수업을 통해 자기소개서를 작성하거나, 영어 프레젠테이션을 준비할 수 있으며 영어 이메일, 에세이를 실시간으로 교정 받는 것도 가능해 실질적인 비즈니스 영어를 효율적으로 배울 수 있다는 평가를 받고 있다.

VR을 접목시킨 사례도 있다. SKT는 '눈을 떠보니 LA'라는 이름의 콘텐츠를 출시했다. 5G시대를 여는 킬러 콘텐츠로 내세운 것이다. 이를 개발한 곳은 에듀테크 스타트업 마블러스다. 마블러스의 서비스는 VR 고글을 끼고 영어교육 콘텐츠인 '스피킷'을 체험해 볼 수 있다. 어학연수를 가지 않고도 해외에 체류하면서 외국인과 대화할 수 있는 솔루션을 지향하는 마블러스는 실제 어학연수를 가서 영어를 배우는 환경을 가상으로 구현해 화제를 모았다.

개임처럼 느껴지게 적용한 사례도 있다. 캐치잇 잉글리시는 성인을 대상으로, 영어 학습을 게임하듯이 할 수 있도록 구성해 놓았다. 단어와 문장이 동시 학습이 가능하고, 듣기와 말하기 연습도 함께 할 수 있다. 콘텐츠는 몰입감 있게 설계되었고 언어학습을 게임화 시키는 데에 초점을 맞춰서 게임의 프로세스를 반영했다. 캐치잇 내에서 언어를 잘하면 이른바 셀럽이 될 수 있으며, MMORPG처럼 성장에 따른 보상도 확실하다. 특히 반복학습이 중요한데 여기에 게임의 메커니즘이 학습자에게 매우 효과적으로 적용되고 있다. 음성인식 기능을 기반으로 문장 발화를 통한 학습기능도 제공한다. 퀘스트나 순위, 이용자 간 대결, 길드와 같은 기능이 제공되므로 학습 동기부여를 배가시킨다.

이 게이미피케이션 방식은 자기주도 영어 학습방법에도 활용된다. 호두잉글리시는 어린이 영어말하기 능력 향상을 위한 교육용 게임이다. 게임 속에서 자신이 이야기의 주인공이 되어 등장하는 캐릭터들과 영어로 대화하며 스토리를 이끌어 간다. 호두잉글리시의 철학은 재미에 교육을 더하는 방식으로 에듀테인먼트의 방향을 잡았다. 교육용 게임이지만 일반 게임처럼 퀘스트를 강화해 자기주도 학습으로 연결시켰다. 또한 스피킹에 중점을 두어 매일 1시간씩 주 5회 학습하면, 한 달 600분 이상의 발화 효과로 다른 어떤 프로그 램보다 말을 많이 하게 해줘, 발화량으로는 일반적인 교실 수업의 5 배 이상의 집중적인 말하기 학습이 가능하다.

위버스마인드의 뇌새김은 영어회화 초점을 맞춰 2012년부터 활성 화된 영어교육 에듀테크 서비스이다. 이번에 뇌새김주니어를 출시 해 회화뿐만 아니라 문법과 어휘까지 자연스럽게 익혀나가는 과정 을 담았다. 영어학습의 진도를 학년에 억지로 끼워 맞추는 것이 아 니라 현재 본인의 문제 해결능력과 습득 속도에 적합하게 하나씩 배워나가는 과정을 즐길 수 있도록 설계했다. 브로콜릭의 힌통은 AI 기반의 영어 사전서비스로서 텍스트를 입력하면 사용자가 모를 만한 단어만 예측해 주석을 달아준다. 10만 다운로드를 눈앞에 두 고 있으며 최근 중국 교육업체와도 계약에 성공했다. 아직 영어교 육에 다양한 혁신이 가능해 보인다. 더 많은 스타트업들이 나오길 기대한다.

국내 패션테크 스타트업 시장의 다변화

국내 패션테크 스타트업 시장이

세분화 되어 개별 영역에서 발전이 가속화되고 있다. 첫 번째는 맞춤 정장 등의 생산 공정을 자동화한 영역이다. 두 번째는 기존 의류에 소재 기능성을 높인 영역이고 세 번째는 IoT 기능을 기반으로 패션에 통신을 입히는 영역이다. 현재 3개 시장이 가장 활성화되고 있고 관련 스타트업들도 많이 등장하고 있다.

첫 번째, 생산 공정 자동화 영역의 선두주자는 클로디어이다. 클로디어는 3D스캐너와 앞서 언급한 클로의 버추얼 피팅 솔루션과 자동 재단 기기를 활용해 맞춤 정장의 전 과정을 자동화한 스타트업이다. 클로디어는 실제로도 오프라인의 맞춤형 정장 의상실을 운영하고 있다. 1차적으로 버추얼 피팅을 통한 의상 개인 측정 작업을 일부 자동화시켰고 현재 3D 스캐닝을 통해서 완전자동화에 도전하고 있다. 첫 번째 타겟인 강남구에서 자동화기술을 통해 3억 원 매출이 예상되고 시리즈A 유치 이후 전국으로 시장을 확대해나갈 예정이다. 클로디어의 사업전략은 전국에 3D 프린터만 설치된 무인 피팅룸을 확대해 나갈 예정이고 일반 매장을 구할 필요 없는 샵인샵 개념으로 피팅룸을 확대해 나갈 예정이다.

소재 기능성을 혁신한 두 번째 스타트업 사례로 엠셀이 있다. 세라믹 코팅 및 표면 처리 기술을 바탕으로 원적외선 면상 발열 섬유를 개발했으며, 이를 활용한 발열레깅스 히트 플렉스 제품으로 와디즈 펀딩에서 1,2차 모두 완판을 기록한 바 있다. 히트 플렉스는 기존 섬유보다 안전하고, 높은 발열 효율성을 갖고 있다. 이를 가능하게 하는 핵심기술은 면상 발열 기술로, 전기장판처럼 내부에 전선을 삽입하는 선상 발열 방식의 단점을 극복한 첨단 기술이다. 선상 발열 섬유는 선 주위만 따뜻해지므로 발열 부위가 넓지 않고, 제작과 세탁이 불편하다는 단점이 있다. 반면 고탄성 섬유로 제작되는 면상 발열 방식은 어떤 형태든 만들 수 있다. 엠셀의 면 발열 기술은 세라믹코팅 및 표면처리 기술을 기반으로 한 탄소나노튜브코팅 스마트섬유를 사용한다. 별도의 섬유 자체를 개발하는 것이 아니라 기존 섬유에 코팅을 하는 방법으로 발열 섬유를 제작하기 때문에, 다양한 디자인으로 구현이 가능하다. 히트플렉스는 기존 대비 2배 이상의 민감도를 지닌 고탄성 섬유로서 섭씨 70도 이상 발열이 가능하다. 히트플렉스는 복부 부분에 내장된 면상 발열 섬유를 통해 체온을 유지·상승시킨다. 레깅스 복부 주머니에 발열 패드와 연결된 온도 컨트롤러를 보조 배터리와 연결하는데 컨트롤러 또는 모바일 애플리케이션으로 온도와 타이머 등 원격 조정이 가능하다.

세 번째, 패션에 통신을 입힌 대표적 사례는 스피커 모자를 통해 미국 킥스타터와 일본 마쿠아케 등 해외 크라우드펀딩에서만 2억 원을 달성한 서진에프앤아이다. 서진에프앤아이는 패션에 IT를 결합한 스마트 모자를 전문적으로 제작하는 웨어러블 패션테크 기업이다. 블루투스 골전도 스피커 모자 제로아이는 2017년에 출시되어 포춘지, 씨넷 등 여러 글로벌 미디어에 소개되면서 약 1,500개의 물량을 선주문 받으며 주목을 받았다. 겉으로 보기엔 일반 모자와 다름없지만 제로아이는 골전도 스피커 기술을 이용해 이어폰 없이도 모자에서 음악을 듣거나 통화를 하는 것이 가능했다. 일반적으

로 소리는 공기 진동을 통해 고막으로 전달되지만 골전도 스피커
는 사람의 뼈로 소리를 전달하기 때문에 외부의 소리를 차단하지
않고, 언제 어디서나 안전하게 사용할 수 있다.

패션테크,
자동화 기반의 생산성 혁신으로 거듭나다

패션 기업 무신사가 한국
의 여덟 번째 유니콘으로 등극하면서 많은 관심을 받고 있다. 뒤를
이어 신상마켓과 링크샵스는 의류도매상과 소매상간의 거래를
O2O 서비스로 만들어 이미 수백억대의 가치를 넘어섰다. 패션테
크 유통분야의 혁신은 생산성 혁신분야로 넘어가고 있다. ZARA,
H&M 등 패스트패션이 전 세계적으로 보편화되면서 패션 트랜드
의 주기가 짧아졌고 이를 소화할 수 있는 생산성 혁신 기술과 플랫
폼이 필요해졌다. 많은 생산성 혁신이 스타트업들에 의해 실현되고
있다. 앞서 소개했던 한국 스타트업 클로는 이미 버추얼 피팅 분야
에서 세계적인 솔루션으로 자리를 잡았고, 이후 많은 패션 스타트
업이 그 계보를 이어가고 있다.

컨트롤 클로더는 국내최초로 의류의 생산과 유통까지 모바일로 오
더 할 수 있는 원스톱 서비스 파이를 출시했다. 파이는 최소 30단
계 이상을 거쳐야하는 의류생산 공정의 번거로움을 덜어주고, 패

턴, 원단, 봉제 등 각각의 공정에 필요한 협력사를 빠르게 연결 및 관리해 주는 서비스이다. 파이를 활용하면 6개월 이상 걸리던 기간을 2주로 단축시킬 수 있다. 서비스 출시 1년 만에 국내외 2,300개 가입사를 확보하며 빠르게 성장 중이다. 파이는 개인 디자이너 브랜드 및 패션업체들과 의류생산 공장을 매칭해 의류 생산 관리의 원스톱솔루션을 제공하는 의류 생산 플랫폼으로 발전해 자리를 잡아가고 있다. 현재 국내외 3,600개가 넘는 의류생산 공장 데이터베이스를 활용해 전문적인 의류 생산 프로세스를 제공한다. 파이 애플리케이션을 통해 디자이너나 패션 기업들이 만들고 싶은 사진과 일정을 포함한 생산의뢰서를 작성해 전송하면 제작에 적합한 공장과 생산매니저가 맺어지며 진행 상황은 애플리케이션을 통해 확인할 수 있다.

디자이노블은 패션 기업 한섬의 자회사의 영캐주얼 브랜드인 'SJYP'와 협업해, 국내최초로 디자이노블의 솔루션을 바탕으로 AI가 디자인한 옷을 선보였다. 패션회사에서 옷에 들어갈 기본 캐릭터, 콘셉트를 제공하면 디자이노블의 AI는 제공한 로고와 캐릭터, 디자인 콘셉트 등 관련 데이터 수십만 개를 사전에 학습한다. 이미지 하나하나를 스타일과 콘텐츠로 분류하고, 해당 이미지를 특정 크기인 픽셀로 나눠 색상, 모양, 패턴 등으로 인식하는 방식이다. 큐레이션을 통해 디자이너에게 AI가 제안을 하면 디자이너는 추가의견과 수정사항을 AI에게 피드백을 하며 최종 결과물을 도출하게 된다. SJYP의 디노 후드티도 이러한 공정으로 만들어졌다. 디자인

AI 서비스는 크게 2가지로 나누어지는데 여러 의상의 특징을 모아 새로운 디자인을 만드는 '디자인 AI' 모델과 이미 만들어진 옷에 꽃 병, 돌 같은 물체와 그 느낌을 더하는 '스타일 합성 AI' 모델이 있다. 스타일 AI는 이미지와 콘셉트를 입력하면 AI가 그동안 학습한 데 이터를 통해 새로운 디자인을 제안하는 것이다. 트렌드 분석을 AI 가 담당하기도 하는데 디자이노블의 AI 서비스는 데이터를 모아 분석해서 소비자가 좋아할 만한 디자인 스타일을 예측하고 패션 트렌드의 잠재 고객 등을 추천해주는 솔루션을 대쉬보드 형태로 제공한다.

맞춤 정장 방식에도 생산성 혁신이 일어나고 있다. 클로디어는 3D 스캐너와 클로의 버추얼 피팅 솔루션과 자동 재단기기를 활용해 맞춤 정장의 전 과정을 자동화했다. 클로디어는 실제로 오프라인 맞춤형 정장 의상실을 운영하며 버추얼 피팅을 통한 의상 개인 측 정 작업을 자동화했다. 3D스캐닝과 버추얼 피팅을 연동하고 있는 데 자동 재단까지 연동하게 되면 맞춤 정장의 자동화가 완성된다. 완성 후 클로디어는 전국에 3D프린터들을 설치해 무인 피팅룸을 확대해 나갈 예정이다.

5

진화하는 전자상거래에서
기 회 를   잡 아 라

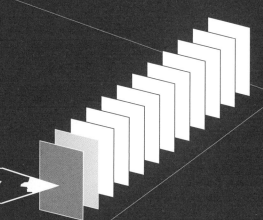

START-UP GUIDE 7

문화예술 작품과 소셜커머스의 결합,
새로운 O2O 시장이 열린다

　　　　　　　　　매년 전 세계에서 300만 명의
신진 미술가가 나오고 있는데 실제로 소비자들이 예술을 사거나
영유하는 숫자는 훨씬 적다. 그래서 미술가들의 삶, 특히 신진 작가
들의 삶은 어렵다. 비단 미술가들만의 이야기가 아니다. 신진 또는
독립이라는 수식어가 붙은 예술가 집단은 관객이나 고객층의 확보
가 늘 절실하다. 전도유망한 작가는 많은데, 그들이 설 수 있는 무
대는 좁고 적다. 이러한 문제를 해결하기 위해 스타트업들이 새로운
사업모델을 만들어 내고 있다.

신진 작가들의 좋은 작품을 소개하고 대중들이 쉽게 예술을 즐길

수 있는 방법에 대한 고민을 기반으로 만들어진 해외 유명 스타트업들을 살펴보자. 사치아트, 아트시, 그리고 오팡갤러리 등의 해외 스타트업들은 이미 않은 신진 예술가들의 작품을 온라인에서 거래할 수 있도록 플랫폼화하며 새로운 시장을 정의해 내는데 성공했다. 이러한 플랫폼은 미술 애호가들에게 자신이 원하는 작품을 감상하고 좋아하는 작가들과 관계망을 형성하는 플랫폼이면서, 전자상거래 기능이 더해진 소셜 플랫폼이라고 설명할 수 있다.

전 세계의 미술 애호가의 숫자는 약 3억 명이다. 신진 작가들은 시장을 찾기 어렵다는 아쉬움을, 미술 애호가들은 즐길 수 있는 콘텐츠가 제한적이라는 아쉬움을 가지고 있다. 미술 시장의 규모는 68억 달러 이상이고, 이중 온라인 미술 시장의 규모는 4억 달러 이상이며 온라인 시장은 연평균 50% 이상씩 성장해 2019년에는 6억 4,000만 달러가 될 것이라고 전망하고 있다.

국내 스타트업들도 이 시장에 도전장을 내밀고 있고, 가장 앞선 선두주자는 버즈아트다. 버즈아트는 신진 작가와 예술 애호가를 연결하는 글로벌 아트 소셜 플랫폼으로, 기능은 글로벌 플랫폼과 유사하다. 지난 2013년에 창업한 버즈아트는 현재 세계 곳곳에서 작가 1만 4,000명이 활동 중이며, 등록된 작품수도 4만 건이나 된다. 또한, 이때까지 50만 명의 예술애호가들이 이미 신진 작가들의 예술 콘텐츠를 버즈아트 플랫폼에서 즐기고 구매했다. 2016년에는 미국, 영국, 캐나다 등 해외 150개국의 구글과 애플 스토어에서 우수하고 참신한 애플리케이션으로 소개되기도 했다.

해외 스타트업에 비해 후발 주자였던 버즈아트는 작품을 손쉽게 온라인으로, 모바일로 볼 수 있고, 취향에 최적화된 검색 기능을 앞세우며 시장에 진입했다. 작품에 대해 댓글을 달고, 좋아요, 북마크 기능 등으로 관심을 표시하고 예술가들과 소통할 수 있는 소셜 기능도 제공했다. 하루에도 수십 건 씩 다양한 작품이 올라오기 때문에 각 사용자에게 맞는 작품을 큐레이션 해주기도 한다.

버즈아트의 주목받을 만한 시도로 '디지털 액자'를 꼽을 수 있다. 월 10만 원 정도를 지불하는 이 서비스는, 설치한 액자에 매일 새로운 작품을 감상할 수 있게 해준다. 작품이 마음에 들면 바로 구매하는 것도 가능하다. 이는 소셜커머스를 넘어 IoT 기반의 커머스를 시도한 것으로, 예술 시장의 문제에 관심이 있는 스타트업들이 벤치마킹을 할 만한 솔루션이다.

소셜미디어 전자상거래는
미래의 유통채널

소셜미디어를 기반으로 한 전자상거래가 전 세계적으로 확장하고 있다. 요우쿠를 인수한 알리바바는 일찌감치 요우쿠를 전자상거래에 접목해 중국의 신흥 크리에이터, 왕홍^{网红}들이 집중해 상품을 소개하며 판매할 수 있는 길을 열어주었다. 이렇게 열린 중국 시장의 규모는 집계하기 어려울

정도로 확장되고 있으며, 적어도 수십조 원 규모라는 추측도 있다. '소셜미디어 전자상거래'라고도 불리는 이 분야는 현재와 미래의 주요 유통채널로 자리 잡고 있다. 각 분야별로는 특성화된 방향으로 발전하고 있다. 소셜미디어의 특성상 영상으로 특정분야에 대한 정보나 교육콘텐츠를 수반하는 경우가 많은데 운동법, 화장법, 요리법 등 셀럽들이 중심이 되어 노하우를 공유하면, 관련된 제품들을 판매하는 방식으로 이뤄진다. 운동법은 당연히 운동과 관련한 장비, 의류, 운동화 등의 판매로 연결되고, 화장법은 화장품의 판매로 연결된다. 이러한 영상 콘텐츠를 기반으로 한 상거래는, 홈쇼핑을 겪어본 소비자층에게 익숙하므로 모바일 시대에 다양한 시도로 연결되고 있다. 채널 라이센스가 필요한 홈쇼핑과 달리 누구나 뛰어들 수 있으므로 스타트업 창업 분야로도 매우 각광받고 있다.

현재 이 분야에 가장 특화되어 발전되고 있는 영역은 푸드미디어로 볼 수 있다. 우리나라의 스타트업 쿠캣은 푸드미디어의 글로벌 강자로 꼽을 수 있다. 이미 쿠캣은 회사가치를 700억 원 이상 인정받고 있는 기업으로, 쿠캣은 미국의 버즈피드 테이스티, 테이스트푸드 등과 함께 푸드미디어 영역을 개척에 가장 앞서고 있다. 쿠캣의 시작은 페이스북에서 시작한 채널 '오늘 뭐 먹지'였으며, 도달률 1억을 돌파한 후 자체 푸드미디어 쿠캣으로 새롭게 출시했다. 쿠캣은 국내를 비롯해 홍콩과 중국, 베트남, 태국 등 아시아 5개국과 글로벌 등 모두 6개 채널을 운영 중이며 전 세계 구독자 2,700만 명 이상을 확보하고 있다.

쿠캣Cookat은 요리하다cook와 고양이cat의 합성어로, 즐거움을 요리하는 고양이를 의미한다. 호기심 많은 고양이처럼 다양한 음식을 호기심을 갖고 연구하며 즐거움과 행복을 선사하겠다는 의지를 담은 것인데, 친근하게 구독자에게 접근하기 위해 고양이 캐릭터를 마케팅 전반에 적극 활용하고 있다. 쿠캣은 해외에서 빠른 성장을 거두면서 아시아 지역을 중심으로 인지도가 급상승 중이다. 푸드채널 쿠캣 외에도 푸드커뮤니티 오늘 뭐 먹지, 온라인 푸드몰 오먹상점, 디저트 전문 PB 발라즈 같은 푸드비즈니스 채널을 운영 중이고 전체 푸드 채널 구독자 수는 현재 1,800만 명 이상이다.

소셜미디어에서 영상을 기반으로 한 고객들과의 소통은 하나의 미디어를 만들어냈다. 그리고 이 미디어는 마치 홈쇼핑처럼 거대한 상거래 시장을 만들어 내고 있다. 푸드 영역뿐만 아니라 모든 소셜미디어 분야에서 자신의 경험치를 공유하는 전자상거래는 가능하다. 이 분야는 특히 전 세계 K-POP 열풍을 만들어내고 있는 한국의 스타트업에 유리한 분야이다. 개성 가득한 여러 소셜미디어에서 한국의 유니콘 스타트업들이 나오기를 기대해본다.

대중음악 유통혁신을 통한
스타트업 창업

디지털 음반시장은 멜론,

벅스, 네이버뮤직 등 대기업을 중심으로 이미 장악이 되었고, CD, DVD, LP 등 물리적인 음반은 이미 끝난 것처럼 보인다. 하지만 아직 스타트업의 창업기회는 남아 있다. 국제음반산업협회가 발표한 자료에 따르면 2017년 CD, DVD같은 물리적인 음반시장의 규모가 80억 달러(한화로 약 9조 원)로, 전체 음악시장의 50%나 차지했다. 디지털 스트리밍이나 다운로드로 음악을 듣는 세상이 되었지만 여전히 음반을 사서 소장하려는 이들이 아직도 많다는 것이다. 팬들은 자신이 좋아하는 아티스트 작품을 손에 잡히는 형태로 소장하고 싶기 때문이다.

이러한 점을 노려 스타트업 뮤즈라이브는 스마트 시대에 적합한 새로운 미디어 매체 '키트'를 개발했다. 지난 2015년 11월에 설립된 이 스타트업은 스마트 디바이스에서 구동되는 실물 매체로서 현재 많은 K-Pop 앨범을 출시하고 있고, 초기에 출시한 30종의 앨범이 전량 팔리면서 큰 호응을 얻고 있다. 사용자들은 스마트폰에서 구동되는 스마트 키트를 통해 음반의 소장의 가치와 이용의 편의를 동시에 즐길 수 있었다.

판매되고 있는 키트는 이어폰 단자와 연결해 가수의 음악이나 사진, 뮤직비디오 등을 키노 플레이 애플리케이션을 통해 이용할 수 있다. 가수의 노래 볼륨을 0으로 하면 반주만 재생이 되고, 이 MR을 이용해 자신의 목소리를 녹음하면 마치 노래방에서 노래를 부르는 것 같이 들리는 기능까지 있다. 뮤직비디오 촬영도 가능하고 팬 커뮤니티에서 아티스트와 직접 소통도 가능하다. 그동안 음반시장에서 볼 수 없었던 많은 기능으로 새로운 시작을 개척했다고 볼 수 있다. 키트의 기술적 원리는 키트를 스마트폰이나 태블릿 이어폰 잭에 꽂으면 키트에 할당된 암호가 데이터 서버에 접속할 수 있는 권한을 주는 형태의 원리다. 이는 음반이 디바이스와 1:1로 구동하게 해 하나의 기기에서만 이용할 수 있기 때문에 불법 복제 등 음반업계의 고질적인 어려움도 IT기술로 해결한 셈이다.

음반을 내기 어려운 신진 아티스트들이 자유롭게 음반을 낼 수 있도록 지원해주는 플랫폼을 개발한 스타트업도 있다. 2017년에 설립된 스타트업 나이비는 신진 인디음악가들을 위한 청취 플랫폼을 만들었다. 대형 디지털 음반 플랫폼과는 다르게, 인디음악가들이 보다 쉬운 검증절차를 거쳐 자신들의 음악을 대중들이 들을 수 있도록 해준다.

공연 섭외 플랫폼을 개발한 스타트업이 있다. 전문 음악공연팀 섭외 플랫폼인 '비브' 서비스를 운영 중인 플랜트 삼이오는 기존 지인 혹은 에이전시 중심으로 이뤄졌던 공연 섭외와는 달리 소비자와 공급자를 온라인에서 직접 중계해 주는 방식의 O2O 연결 서비스를 제공하고 있다. 공연팀 연주 영상을 제공하며 공연 성격에 맞는 다양한 장르의 전문적 연주팀 확보에 힘을 실어주기도 한다. 섭외를 원하는 소비자가 비브 홈페이지에서 지역 및 일자, 공연 성격, 희망 장르 음악을 선택하면 다양한 종류의 연주팀과 그들의 연주 영상을 확인해 볼 수 있다. 또한 소비자는 공연팀과 일정, 공연료에 대해서 협의를 진행할 수 있으며 양측 모두 동의할 경우 공연 예약이 완료된다. 공연팀이 직접 섭외료를 공개해 기존의 불투명한 가격 구조를 해소하기도 했다.

K-Pop테크, 새로운 외화벌이 IT 플랫폼을 형성하다

K-Pop의 선두주자 방탄소년단이 세계적인 스타디움 투어 'LOVE YOURSELF : SPEAK YOURSELF'의 티켓으로만 1,000억 원이 넘는 매출을 기록했다. 이러한 한류 열풍에 IT기술을 접목해서, K-Pop테크라는 새로운 시장이 열리고 있다. 유명 게임회사 넷마블은 방탄소년단의 저작권을 빌려 모바일 게임 'BTS월드'를 만들기도 했다. 방탄소년단의 매니저가 되어 방탄소년단을 무명 연예인에서 월드스타로 키우는 게 주된 내용이다. 다운로드 수는 일찌감치 100만 회가 넘었고 리뷰는 34만 개에 달하며 평점은 5점 만점에 4.8점을 기록 중이다. 출시 14시간 만에 한국 등 주요 33개 국가 애플리케이션 스토어에서 인기 1위에 올랐다.

메이크스타는 K-Pop 콘텐츠를 기획 제작하고 유통하는 크라우드 펀딩 플랫폼이다. K-Pop기획사와 공동으로 음반, 콘서트, 굿즈, 팬미팅, 드라마 등의 문화콘텐츠를 제작하고 직접 유통함으로써 전 세계 팬들로 하여금 자신이 좋아하는 아티스트와 특별한 추억을 쌓으며 직접 교감할 수 있는 서비스를 제공하고 있다. 현재 회원 수는 80만 명이고 매출의 70%가 해외에서 발생 중이다. 엔터테인먼트 분야에 특화해 전 세계로 서비스하는 크라우드펀딩 사이트는 아직 메이크스타가 유일하다. K-Pop 앨범, 굿즈, 콘서트, 팬미팅 등 다양한 형태의 제품과 행사가 메이크스타 플랫폼에서 기획된다. 전 세계 90개국 K-Pop팬들은 메이크스타에 접속해 좋아하는 연예인의 상품을 기획하고 또 투자한다. 예를 들어 자신의 팬의 화보를 제작하는 프로젝트가 진행되면 이에 관심 있는 글로벌 팬들이 일정 금액의 펀딩을 진행하는 방식이다. 정해진 기간 동안 목표로 한 금액이 달성되면 화보 제작이 이뤄지고, 펀딩에 참여한 팬들에게는 자신이 좋아하는 스타의 화보가 배송된다. 메이크 스타는 현재까지 앨범, 굿즈, 팬미팅, 콘서트 등 200개의 프로젝트를 진행했다. 김준수, EXID, 모모랜드, B.A.P, 나인뮤지스, 스텔라 등이 참여했다. 특히 메이크스타에서 역대 최고 모금액인 약 7억 원을 달성한 시아준수 한정판 패키지가 대표적인데 스타의 새끼손가락 지문이 들어간 반지, 유명 디자이너가 재해석한 스타의 모습이 프린트된 티셔츠, 스페셜 파티 초대권 등 총 11종으로 구성된 프로젝트였다.

글림미디어이 운영하는 아이돌 투표 플랫폼 스타패스는 이미 전 세계 100만 유저를 확보했다. 팬과 그들의 충성심을 새롭게 해석한 비즈니스 모델을 스타패스라는 플랫폼 서비스를 통해 구현한 것이다. 스타패스는 K-Pop 팬들에게 "타임스퀘어에 도전하라"는 메시지를 띄우며 인기몰이를 시작했다. 수많은 아이돌 멤버 가운데 개인 랭킹 1위를 차지한 사람을 매주 한번 미국 뉴욕 타임스퀘어 전광판에 띄워준다는 약속은 팬들을 자극하기에 충분했다. 그 결과 애플리케이션 출시 6개월 만에 34만 다운로드가 이뤄졌다. 현재 매달 스타 랭킹 투표 순위에 따라 개인 투표 랭킹 1위에게 뉴욕 타임스퀘어 전광판 광고와 서울 시내에 리워드 광고를 제공한다. 이외에도 다양한 랭킹 투표를 통해, '워터파크 광고에 가장 잘 어울리는 아이돌' '라디오 DJ로 만나고 싶은 아이돌' '캐롤을 불러줬으면하는 아이돌' 등 재밌고 이색적인 투표를 기획해 투표참여로만 30억 원이상의 매출을 올렸을 정도로 전 세계 팬들의 참여와 호응을 이끌고 있다.

K-Pop은 현재 전 세계적으로 경쟁력 있는 컨텐츠다. 우리나라의 스타트업이라는 이유만으로도 경쟁우위를 점한 셈이다. 게임, 크라우드펀딩, 투표플랫폼 등이 K-Pop과 융합해 새로운 먹거리로 자리 잡듯이 더 다양한 모바일 플랫폼 비즈니스 모델이 등장하기를 기대해 본다.

풀필먼트 아웃소싱 서비스, 플랫폼 BPO로 성장해 가다

2018년 기준 우리나라 전자상거래 시장 규모는 112조 원이다. 전년 대비 23% 성장했고 2019년 전자상거래 시장 규모는 130조를 무난히 넘을 것으로 예측된다. 시장이 성장함에 따라서 자체 물류를 구축하기 어려운 중소형 온라인 판매자들을 겨냥한 물류대행 시장도 커지고 있다. 제3자 물류 시장, 혹은 3PL이 풀필먼트 시장으로 바뀌기 시작한 것은 이미 수년이 지났다. 제3자 물류와 풀필먼트 모두 물류 대행이지만 제3자 물류는 단순 창고임대 방식인데 반해 풀필먼트는 유통사나 제조사의 모든 업무를 대행하는 BPO로 볼 수 있다. 서비스 기반으로 물류의 모든 프로세스를 처리해주고, 작업 건당 과금하는 형태로 비즈니스 모델도 매력적이다.

풀필먼트 서비스가 가장 간절한 곳은 중소형 온라인 판매자들이다. 온라인 판매자는 택배를 포장하다 쓰러질 정도의 매출을 기대하지만, 정작 사업이 성장해 주문이 밀리기 시작하면 박스 포장과 배송 지연으로 위기를 겪기도 한다. 단기로 물류 담당 직원이나 아르바이트를 쉽게 충원할 수 있는 상황도 아니기 때문에 어려움은 더 크다. 그외 창고 수급, 직원 관리 등 물류 관리에 소요되는 시간과 비용이 크기 때문에 그들의 핵심경쟁력인 상품 기획과 마케팅에 집중하기도 어렵다.

이미 풀필먼트 스타트업들은 시장의 문제를 정의하고 솔루션들을 제시하며 성장 중이다. 마이창고는 인터넷 쇼핑몰, 물류센터, 그리고 택배사의 비즈니스 관계에서 틈새시장을 발견하고 2016년 서비스를 시작했다. 마이창고는 하루 택배 50개 미만인 소규모 온라인 판매자들에게도 중대형 고객과 동일한 서비스를 제공하면서 주목을 받기 시작했다. 창고 입고부터 재고 관리, 택배 출고까지 원스톱으로 제공하는 것은 물론 모든 작업 내용을 실시간으로 고객에게 알려준다. 비용도 합리적이다. 입고, 보관, 재고 관리, 피킹 및 패킹, 송장 출력 등 풀필먼트 전 과정에 대한 비용은 출고 박스당 평균 1,000원에 불과하고 매월 사용한 것만 정산하는 구조로 되어있다. 최근 특화된 BPO 계약도 체결했는데 메이크샵과 코스메틱 상품을 취급하는 쇼핑몰 운영자에게 최적화된 풀필먼트 서비스를 제공한 바 있다.

OFSP$^{On-demand Fulfillment Service Platform}$를 지향하는 아워박스는 초기 가정 간편식 판매자 중심의 고객를 타겟팅해 풀필먼트 서비스를 시작했고, 현재는 세그멘터를 넓혀 50개의 고객사를 대상으로 서비스를 제공하고 있다. 아워박스는 전자상거래 물류대행인 풀필먼트 서비스뿐 아니라 전자상거래 사업자들이 원활하게 사업을 영위할 수 있도록 하는 판매자툴인 OMS$^{Order Management System}$, 풀필먼트 서비스를 제공하는 물류센터에서 사용할 수 있는 WMS$^{Warehouse Management System}$을 공급하는 시스템 공급자로도 자리매김하고 있는데 이 두 개 시스템 역시 OFSP에 포함되어 있다. 아워박스도 최근 특화된 영역에 BPO 계약을 체결했는데 에듀테크 기업인 에듀팡의 수강생과 학원들에게 배송해야 하는 교재 및 교구를 위한 풀필먼트 서비스다.

풀필먼트 기술의 세계적 리더 기업은 아마존이라고 볼 수 있다. 이미 아마존은 실내 자율주행 로봇 키바를 활용해 물류센터 내 인건비를 70% 이상 줄이고 생산성을 3배 이상 개선한 바 있다. 국내에도 관련된 연구와 기술개발이 한창이다. 아워박스는 보유한 OMS와 WMS를 자율주행 로봇의 자동생성형 지도 소프트웨어와 활용하기 위해 로봇전문회사인 트위니와 협력을 맺고 풀필먼트 로봇 자동화에 대한 연구개발을 진행하고 있다.

영상을 기반으로
진화하는 커머스 서비스

영상을 기반으로 커머스가 진화하고 있다. 미디어 커머스로 불리우는 이 분야를 기반으로 각자 영역의 강자들이 나오면서 새로운 스타트업 생태계가 자리 잡고 있다. Z세대라고 불리는 젊은 세대들의 특징 중 하나라면, 바로 영상에 익숙한 세대라는 점이다. 이 Z세대가 소비의 주축으로 자리 잡으면서 모바일상의 미디어 커머스의 대중화 속도는 더욱 가속화되고 있다. 중국의 왕훙들이 요우쿠를 기반으로 온라인 커머스 시장에 적지않은 영향력을 발휘하기 시작한 것은 이미 3~4년 이야기이고 현재는 그들이 주도하고 있다고 해도 과언이 아니다. 미디어커머스는 중국의 타오바오 쯔보, 모구지에 등을 통해 시장가능성을 검증받은 모델이다. 한국시장에서도 이런 변화가 시작되고 있다. 영상으로 콘텐츠와 상품을 소비하고, 정보를 얻는 젊은 세대들이 늘어나면서, 미디어 커머스 시장도 다양하게 세분화되고 있다.

미디어 커머스를 선점한 스타트업 쿠캣에 관해선 앞서 얘기했다. 쿠캣은 다양한 PB 제품에 대한 지속적인 미디어 기반의 큐레이션을 통해 폭발적인 매출 성장을 이뤄냈다. 모바일 라이브 커머스 시장을 개척하는 스타트업도 있다. 그립은 판매자와 소비자가 실시간 소통할 수 있는 모바일 영상 커머스로 서비스 출시 8개월 만에 사용자 수가 10만 명을 돌파했다. 유튜브 등 동영상에 친숙한 Z세대가 주된 소비 계층으로 진입하면서, 텍스트보다 영상을 4배 이상 소비하고, VOD보다 라이브를 3배 오래 시청한다는 점과 커머스의 핵심트렌드가 자연스럽네 녹아있는 콘텐츠를 선호한다는 점에 주목했다. 그립은 소비자들이 생산자와 판매자의 얼굴을 직접 보고, 그들과 채팅을 통해 소통하며 보다 생생한 상품정보를 얻고, 판매자로부터 다양한 비하인드 스토리까지 제공하는 소비 환경을 모바일 환경에 구현해냈다. 라이브로 교감하며 티비 보듯 재밌게 쇼핑을 즐길 수 있고 구매도 당연히 즉시 가능하다. 쇼핑하는 도중 친구를 초대할 수도 있으며, 판매자를 팔로우 할 수도 있는 점도 특징이다. 또, 누구나 그리퍼, 즉그립 내 방송진행자가 될 수 있다. 가입 승인 후 즉석에서 개인 스마트폰을 통해 쉽게 방송할 수 있기 때문에 스튜디오나 고가의 장비와 인력이 필요 없다.

뷰티 미디어 커머스에 집중하고 있는 스타트업도 있다. 작당모의의 뷰티 영상 큐레이션 서비스인 잼페이스는 출시 이후 3개월 만에 15만 다운로드를 돌파하는 큰 호응을 얻었다. 잼페이스는 다양한 기능을 통해, Z세대가 뷰티 영상을 편리하게 즐길 수 있도록 한다. 잼페이스의 장점은 크게 3가지다.

첫째, AI를 활용한 얼굴매칭 메이크업 추천 기능이다. 사용자가 자신의 얼굴 사진을 촬영하면 AI가 얼굴 특징을 자동 인식해서 사용자와 가장 닮은 크리에이터를 찾아, 얼굴에 맞는 메이크업 동영상을 추천해 준다.

둘째, 선택한 뷰티 영상 중 자신이 원하는 화장 방법 부분을 손쉽게 찾아갈 수 있는 '타임링크' 기능이 있다. 뷰티 유튜버들은 대부분 풀메이크업 진행 과정을 20~30분에 걸쳐 보여주기 때문에 특정 부분 화장법을 찾기 어렵다. 이에 잼페이스는 해당 뷰티 영상에 포함된 화장 방법이 무엇인지 자동으로 파악해서 파운데이션, 쉐딩, 블러셔, 하이라이트, 눈, 눈썹, 입술 등의 타임링크 버튼을 영상 아래에 배치했다. 이를 통해 사용자는 영상에서 자신이 원하는 부위의 화장법을 바로 찾아볼 수 있다.

셋째, 영상 속 화장품 정보를 제공하는데 바로 이 부분이 미디어 커머스로 발전될 수 있다. 잼페이스는 AI 객체 인식 기술을 이용해 뷰티 유튜버가 사용한 화장품의 리스트를 알려준다. 뷰티 영상을 보는 사람들이 가장 불편하게 느끼는 점은 바로 영상에서 사용된 화장품이 무엇인지 알기 어렵다는 점이다. 이를 해결한 잼페이스는 미래 미디어 커머스의 발전 방향을 제시했다고 평가받고 있다. 영상 아래에 사용된 화장품 리스트가 제공되며, 사용자는 마음에 드는 영상과 화장품을 따로 저장할 수 있다.

다양성을 더하며
세계로 진출하는 한국의 뷰티 스타트업

미국 경영 매거진 패스트 컴퍼니가 발표한 '2019 세계에서 가장 혁신적인 기업'의 뷰티 부문 10대 기업에 뷰티 커머스 플랫폼인 한국 스타트업 미미박스가 선정되었다. 패스트 컴퍼니는 세계에 영향력을 행사하는 공신력있는 경영 전문 매거진으로, 매년 2월 35개의 산업분야에 걸쳐 비즈니스와 혁신 측면에서 가장 뛰어난 성과를 보인 기업을 선정해 '세계 50대 혁신 기업'과 각 분야 별 10대 기업들을 발표한다.

미미박스는 2019년 1월에는 '존슨앤드존슨 계열 벤처 캐피털'로부터 3,500만 달러의 시리즈D 투자를 유치하며 유니콘 후보군으로 떠오르고 있다. 2018년 하반기에는 세계적인 뷰티 유통기업인 세포라와 협업한 K-뷰티 브랜드 카자를 미국에서 출시했고 현재 260개의 세포라 매장에 카자가 입점한 상태다.

이너뷰티 시장을 노리는 스타트업도 등장하고 있다. 에이지엣랩스는 크라우드펀딩 사이트 와디즈에서 목표액의 200% 이상의 이너뷰티 음료 뮤신곤약젤리를 판매해 화제를 모았다. 에이지엣랩스는 뮤신을 달팽이 점액에서 얻고 있는데 7년의 연구가 담긴 국내 최초의 방목형 농장을 보유해 건강하고 깨끗하게 기르는 달팽이의 뮤신을 생산하고 있다. 콜라겐, 히알루론산과 같은 기존이너뷰티 성분은 결과물질이지만, 뮤신은 이보다 선행하는 물질로 진피층 줄기세포 자체를 증진시키는 성분이다. 에이지엣랩스는 향후 2년간의 연구개발을 통해 뮤신을 '저분자뮤신복합추출물'로 발전시켜 섭취를 통해 피부 건강을 증진시키는 바이오 원료로써 자산화 할 계획이다. 기능성 연구는 크게 두 가지 방향을 잡고 있다. 첫 번째는 섭취를 통한 피부 진피층 내 줄기세포(섬유아세포) 증진 효과이며 두 번째는 아토피 피부 증세 완화다. 그외 뮤신은 관절염 및 항피로물질 감소, 혈관 건강 등 다양한 기능성이 연구되고 있어, 피부 관련 시장 외에도 관절 및 만성피로, 남성건강 보조 식품의 영역으로 수평적 확장이 가능하다.

이처럼 다양한 시장을 목표로 한 한국의 뷰티스타트업들이 세계 시장에서 경쟁력을 갖추어 가고 있다. 뷰티 시장은 아직도 ICT 또는 바이오 기술과 융합을 통해 다양한 틈새를 개척할 수 있는 기회를 제공하고 있다.

IoT와 결합하는
뷰티 시장

뷰티 시장이 양방향 서비스로 진화하고 있다. 스타트업들은 피부 상태를 스스로 진단할 수 있는 연구를 진행하고 있고, 결과에 따라서 맞춤형 화장품을 추천해주는 솔루션들도 등장하고 있다. 국내 뷰티 스타트업들은 이미 해외

시장에 관련된 기술경쟁우위를 앞세워 진출하고 있으며 한류를 등에 업고 성장을 가속화하고 있다.

룰루랩은 삼성전자 사내벤처 프로그램인 C랩 출신으로, AI 기술을 기반으로 국내외 뷰티 시장을 개척하고 있다. 이미 이탈리아의 뷰티 콘퍼런스에서 호평을 받아 유럽시장에서 많은 러브콜을 받고 있다. 룰루랩의 루미니는 한번 촬영으로 얼굴 전면 피부를 스캔해 분석하고, 사용자 피부 상태에 맞는 최적 화장품을 찾아 추천하는 피부 관리 솔루션이다. 상용화출시 이후, 유럽과 미국은 물론 연간 1억 명이 방문하는 아랍에미리트 두바이몰에 입점하는 등 전 세계 11개국에 진출하며 빠르게 성장 중이다. 루미니는 소형화된 기기 안에 측정기와 이를 분석하는 AI 솔루션을 결합했다. 얼굴전체를 단 한번만 촬영하면 10초 안에 주름, 색소침착, 붉은 정도, 모공, 피지, 트러블, 유·수분 등 7가지 항목별 분석결과를 알려준다. 스캔과 피부분석 후에는 추천단계로 사용자 피부 상태에 알맞은 제품이 클렌징, 토너, 에센스 등 화장할 때 거치는 단계별로 필요한 7가지 항목으로 제품을 추천해준다.

화장품 성분을 전기적으로 분해해 흡수력을 높이는 솔루션을 개발한 스타트업도 있다. 어거스트텐의 시크릿810은 제작 방식과 사용법이 기존 마스크팩과 완전히 다르다. 팩 내부에 탄소 소재 패턴을 넣었고, 이는 전류가 흐를 수 있는 일종의 회로도다. 겉으로 봤을 땐 회색 문양처럼 보인다. 마스크팩을 붙였을 때 양 볼 위치에는 작은 원형 전자기기인 이온자이머를 부착할 수 있다. 어거스트텐의 애플리케이션을 활용해 이온자이머가 화장품 성분을 이온화하도록 전류를 내보내고, 저주파 마사지 강도와 이온화 강도를 조절할 수 있다. 어거스트탠은 조만간 피부진단기를 마스크팩과 세트로 구성해 출시할 예정인데, 여기에는 피부 유수분 등 기본적인 정보는 물론이고 색소침착 정도 등 36가지 피부 상태를 측정할 수 있는 기능이 포함된다.

중국 진출에 성공한 에이비씨랩은 신소매와 콘텐츠 커머스를 결합시켜 오프라인의 체험 마케팅을 기반으로 신뢰도 높은 새로운 인플루언서, 즉 왕홍들의 플랫폼을 구축하고 있다. 고객 신뢰 마케팅을 바탕으로 에이비씨랩은 양방향 키오스크를 통해서 오프라인 샘플을 제공하고 제공 후 고객 데이터를 수집해 큐레이션 커머스로 연결하고 있다. 키오스크로 샘플을 구입한 소비자들은 중국의 위챗의 공중하오 계정과 연결된다. 위챗을 통해 고객 빅데이터를 구축할 수 있는데 키오스크 장착된 카메라를 통해 고객의 피부상태를 비전기술로 분석이 가능하다. 에이비씨랩은 비전 키오스크, 위챗, 그리고 AI 추천 기능을 플랫폼화해 메이리 서비스로 출시했다. 메이리는 인플루언서들에게 콘텐츠를 창작할 수 있도록 지원하고 있다. 메이리가 보유한 체험형 커머스 플랫폼 기능과 인플루언서가 보유한 온라인의 영향력을 서로 결합시켜 제품을 판매하고 수익을 공유하는 비즈니스 모델은 중국에서 큰 호평을 받고 있다.

뷰티산업 전체적으로 더 나아가서 AI와 결합되면 개인화된 큐레이션 커머스가 보편화될 것이고 맞춤형 화장품 시장도 발전될 것이

다. 규격화된 화장품이 아닌 맞춤형 화장품 구독 서비스를 위한 새
로운 제조 플랫폼의 니즈도 있다. 미래를 예측이 준비하는 스타트
업들에게 뷰티 시장은 앞으로도 지속적인 먹거리를 제공할 것이다.

6

딥 테 크 에 서
길 을 찾 다

START-UP GUIDE 7

VR 골프와 야구를
이어갈 비즈니스 모델

                   VR 스포츠 산업을 가장 먼저 개척한 나라는 단연코 우리나라다. VR이 보편화되기 전인 2001년부터, 우리나라 기업 골프존은 VR 골프 기기의 연구개발에 성공했고 이후 기술을 더욱더 발전시켜 하나의 스포츠 문화로 자리 잡게 했다. 물론 점포 형태의 사업이다 보니 너무 많은 기기가 유통되어, 프랜차이즈 관련 법규를 지켜야 하는지에 대한 이슈도 있었지만 그래도 우리나라가 VR 스포츠 강국에 되는데 많은 기여를 했다. 야구에서도 비슷한 사업모델이 등장했다. 3년 전에 스타트업 기업을 준비하는 한 선배가 보여준 사업모델은 VR 야구였다. 내 투자 분야가 아니었기 때문에 조언만 드렸지만 단기간에 이렇게 성행하게 될 줄은 상상하기 어려웠다. 2018년 12월에는 가상현실 배드민턴 스타트업에 투자한 엔젤투자자와 한참 이야기를 나누기도 했는데 이 시장이 열리고 있는 것은 분명했다.

VR과 AR기술을 활용하면 생활 스포츠에서도 다양한 비즈니스 모델 개척이 가능하다. 나이키가 설치한 200m 길이의 트랙에서는 달리기 전에 기록을 입력하면 디지털 아바타가 트랙의 벽면 LED 화면 속에서 같이 뛰어주는데 트랙 위에서 스스로와 경쟁하는 신기한 경험을 즐길 수 있게 해준다. 핀란드 기업이 개발한 VR 암벽 등반 게임은 실제 벽에 깊이인식 센서, 카메라, 프로젝터 등이 있어 한층 현실감 있게 운동을 즐길 수 있다. 다른 스포츠에서도 VR을 통해서 가상의 상대와 경기를 즐기는 것이 가능하다. 정현과 같은 테니스 스타와도 테니스를 즐길 수 있으니 효과도 높이고 혼자 하는 운동의 지루함도 날려버릴 수 있다.

VR과 AR은 스포츠를 즐기는 방식도 바꾸어 준다. 미국 MLB와 NBA에서는 VR, AR 기술을 활용한 중계 시스템을 적용중이다. 평창올림픽도 이미 세계 최초 5G구축을 통해 VR 생중계를 진행했다. 선수의 1인칭 시점에서 바라본 영상은 물론, 경기장을 곳곳을 360도로 시청할 수 있어 세계에 VR, AR의 진수를 보여주었다.

VR 기술과 드론의 결합을 통해 신종 스포츠가 만들어지기도 한다. 한 해외 기업은 28개의 드론을 결합해 즐길 수 있는 드론 스카이다이빙 종목을 만들었다. 드론에 매달려 330m 높이에 뜬 뒤, 공중으로 뛰어내리면서 느껴지는 압도적인 스릴감의 드론 다이빙은 새로운 레저 스포츠로 주목받고 있다. 이뿐만이 아니다. 최고 시속 190km의 짜릿한 속도감을 자랑하는 드론 레이싱은 이미 세계 정규리그까지 개최되고 있고 마치 UFC를 연상시키는 드론 격투기도 특유의 박진감으로 팬들을 모으고 있다. 드론 축구, 드론 서핑 등 앞으로 드론을 활용한 스포츠는 더욱 무궁무진해질 전망이다.

언젠가는 홀로그램 기술을 통해 손으로 실시간 데이터를 불러오면서 홀로그램 선수들과 함께 뛰고 직접 경기 속으로 들어간 듯한 체험까지 할 수 있을 것이다. VR, AR 기술이 만들어낼 다양한 스포츠 비즈니스 모델! 그 상상력의 한계는 없다. 마음껏 상상하고 마음껏 비즈니스 모델을 구상해 보라!

VR 컨트롤러 스타트업들은
아직 배가 고프다

2019년 5G 상용화와 함께 VR 기술들이 주목받고 있다. VR 기술은 사용자들의 눈을 중심으로 착용하는 VR 고글과 VR 콘텐츠 개발 시장을 주도로 성장하고 있다. VR 컨트롤러 시장도 마찬가지다. VR 고글 시장은 기존 IT 기기 제조 대기업 중심으로 활발한 성장을 보여주고 있고 VR 콘텐츠 시장은 기존의 대형 게임 기업들이 활발한 투자를 진행하고 있다.

하지만 VR 컨트롤러 시장은 상대적으로 연구개발 예산 등 투자의 영역에서는 주목을 받지 못해서 많은 스타트업들이 그 기술을 기반으로 다른 시장으로의 피봇팅을 시도하고 있는 현실이다.

VR 컨트롤러 스타트업 중 첫 번째 소개할 스타트업은 리얼감이다. 리얼감은 VR, AR 기기에 손목 부착형 웨어러블 디바이스를 더해 리얼한 감각을 느낄 수 있는 장치를 만들고 있다. 발상은 피아노나 바이올린과 같은 악기를 배우는 사람들이 연주를 위해 많은 시간을 쏟지 않고 대안적 경험으로 시간을 줄일 수 있다는 가설을 정했고 동력형 외골격 장비를 솔루션으로 제시했다. 외골격 장비는 상당히 비싼 가격이기 때문에 소형화에 집중했고 손목형으로 컴팩트하게 설계해내는데 성공했다. 리얼감 건틀렛은 내부에 들어가는 모터만 개발하는데 1년, 그리고 지금의 시제품 디자인을 완성하는데 다시 1년 정도 걸렸다. VR 콘텐츠를 체험할 때보다 생생한 경험을 하게 하는 이 제품은 오큘러스나 바이브의 컨트롤러를 끼우는 방식으로 사용한다. 그리고 컨트롤러를 손에 쥔 뒤, 건틀렛 윗부분을 손목에 착용하면 VR 콘텐츠 속 움직임을 생생하게 전달받을 수 있다. 총을 쏠 때 느껴지는 반동, 야구배트를 휘두르며 공을 칠 때 느껴지는 충격, 낚시할 때 물고기가 입질을 하거나 당겼을 때 느껴지는 무게감 등을 연출할 수 있다. 하지만 리얼감은 그동안 VR시장을 찾기가 매우 어려웠고, 금고 등의 기존 오프라인 손잡이 등에 모터를 제공하는 형태의 피봇팅을 진행하고 있다.

두 번째는 애틱팹이다. 애틱팹 VR의 대중화를 위해서는 이동 제약에서 벗어난 상태에서 VR을 즐길 수 있어야 한다는 가설을 가지고 기술을 개발했고 무제한 VR 공간 이동 체험을 제공하는 워크인 VR을 만들었다. 발동작 인식 모션 트렉킹 센서를 활용해 고정된 자리에서도 자유롭게 움직이며 VR 콘텐츠를 즐길 수 있도록 제작된 제품이다. 사용자는 의자 위에 앉아서 360도 방향전환을 하며 VR을 체험할 수 있다. 즉, 누구나 편안한 자세로, 역동적인 VR 게임을 즐기고 싶은 유저들의 욕구를 충족시켜줄 수 있는 기기이다. 기존 동작인식 제품들의 경우 인식률과 속도가 떨어져 아날로그 컨트롤러에도 미치지 못하는 UI/UX로 소비자에게 외면당하는 경우가 많았다. 하지만 이 기술은 딥러닝과 임베디드 컴퓨터 비전기술 기반의 정확성, 속도, 확장성을 보유한 동작인식 솔루션을 개발해 시장의 큰 기대를 받고 있었다. 하지만 VR 콘텐츠 개발 기업들의 반응을 기다리기에는 스타트업으로서는 다소 무리가 있었고 현재는 카메라를 활용한 TV 원격 컨트롤러로 피봇팅 중이다.

세 번째는 가변형 VR 컨트롤러 듀오패드를 개발한 한양대 학내벤처 디미콜론이다. 듀오패드는 외형을 쉽게 바꿀 수 있는 가변형 VR 컨트롤러이다. 한 쌍으로 구성된 듀오패드는 각각의 상단 및 하단에 내장된 자석으로 손쉽게 외형을 바꿀 수 있으며 변형된 형태는 스스로 모드를 인식해 가상현실에도 반영된다. 구현 가능한 4가지 모드는 노멀 모드, 라이플 모드, 로켓 런처 모드, 휠 모드인데 이 컨트롤러를 사용하면 가상현실상에서 가장 많이 사용되는 손, 권총, 소총, 로켓런처 등의 무기와 도구들을 보다 직관적으로 사용할 수 있으며 사용자들은 하나의 게임 안에서도 수시로 컨트롤러를 변형해 운전과 총격전, 대포 발사 등 다양한 가상현실 상황을 즐길 수 있다. 이 스타트업은 학내벤처다운 도전정신을 유지하며 피봇팅은 시도하지 않았지만 실제 게임 콘텐츠에 반영되기 위해서는 아직 기다림이 필요해 보인다.

BCI의 미래에서
기술창업의 기회를 잡아라

인간의 뇌와 컴퓨터를 연결하는 BCI^{Brain-Computer Interface}라는 기술이 있다. 그리고 최근, 생각만으로 조작하는 가상현실 게임이 세계 최초로 등장했다. 미국의 BCI 스타트업 뉴러블이 공개한 데모게임은 손 하나 까딱하지 않고 생각, 즉 뇌파만으로, 게임 속에서 물건을 들고 움직이거나 특정한 액션을 수행할 수 있다. 구동 원리는 VR 헤드셋에 특수 장치를 장착해서 두피전극을 분석한 뒤, 사용자의 명령을 실제 동작으로 구현하는 것이다. 다시 말하자면 BCI는 뇌와 컴퓨터를 연결해 다양한 상호 반응을 구현해주는 기술이다.

그럼 BCI 기술의 적용분야에 대해 살펴보자. 첫 번째로는 의료분야다. 미국의 한 연구팀의 도움으로 전신마비 환자가 생각만으로 팔을 움직이는데 성공하기도 했다. 뇌에 전자칩을 삽입해 환자의 생각을 읽은 뒤 팔에 전기자극을 줘서, 생각대로 움직이게 해주는 것이다. 두 번째는 교통이다. 최근 개발된 뇌파로 드론을 조종하는 기술은 향후 드론으로 하여금 새로운 교통수단으로 주목받게 한다. 영화 〈아이언맨〉의 주인공처럼 날아다니는 미래도 멀지는 않아 보인다. 뇌파를 활용한 자동차 운전 기술도 개발 중이라고 하니, 머지않아 몸이 불편한 사람들도 생각만으로 자동차를 운전하는 시대도 곧 기대해 볼 수 있겠다. 세 번째는 인간의 학습 분야다. 영화 〈매트릭스〉를 보면, 무술대련에 앞서 각종 무술 데이터를 주인공의 두뇌에 입력하는 장면이 나온다. 데이터를 주입받은 주인공은 이소룡 못지않은 쿵푸실력을 순식간에 익힌다. 언젠간 이런 영화 속의 일도 가능해질 것이다. 테슬라의 CEO 일론 머스크는 '뉴럴링크'라는 BCI 회사를 설립했는데 뇌에 전극을 이식해서 정보를 꺼내고, 컴퓨터에 업로드했다가 언제든 자유롭게 다운로드할 수 있는 시스템 개발 계획을 세웠다.

물론 우려되는 부분도 존재한다. 인간의 뇌에 칩을 이식할 경우, 신체 부작용을 불러올 가능성도 있고 실제 구현이 된다면 내 머릿속의 정보를 누군가 해킹할 수도 있다. 윤리나 보안 문제 등 넘어야 할 과제도 많지만, BCI 기술은 상상을 뛰어넘는 놀라운 세상을 열어줄 수 있다. 미래 기술 창업을 준비하는 예비 창업자들은 BCI를 활용한 다양한 응용분야에 대해 상상해보기를 권한다. BCI의 핵심 기술영역은 대기업들을 중심으로 준비를 해나가고 있지만 다양한 응용기술 영역도 존재한다. 위에 언급한 외에도 다양한 전문영역에도 적용이 가능할 것이다. BCI 기술은 말 그대로 인터페이스기 때문에 다양한 전문분야에 API형태로 제공이 가능하다. BCI 기술이 실현된다는 가정하에 관련된 응용기술과 적용분야를 미리 준비한다면 분명 그 사업 분야의 강자가 될 수 있다. 스타트업 기업을 꿈꾸는 학생들이라면 기술의 방향 위에서 마음껏 창조적인 생각을 통해 사업을 꿈꾸어 보기를 바란다. 단, BCI가 융합될 분야에 대한 오랜 전문성과 경험을 축적한다는 가정하에서 말이다.

무선충전 기술을 통해
기술창업 상상력 늘리기

비콘 기술을 통해 2015년부터 2017년까지 많은 사업 모델을 준비했던 스타트업들 중 현재 성공 사례를 집어서 찾기가 어렵다. 비콘 기술은 블루투스 4.0을 기반으로 스마트폰이 주변과 통신을 하는 개념으로 이 통신을 통해 만들어지는 정보처리 프로세스를 기반으로 많은 비즈니스 모델이 나왔다. 매장 근처를 지나가면 자동으로 쿠폰이 다운로드가 된다던지 레스토랑에 들어갔을 때 비콘이 반응하며 스마트폰이 알아서 주문을 해주는 등 수많은 아이디어가 쏟아져 나왔다. 하지만 이 사업 모델을 방해하는 가장 큰 문제는 블루투스 안테나를 실행시켰을 때 급격히 빨리 소모되는 배터리였다. 그렇기 때문에 일반적으로 스마트폰을 자주 사용하는 사람들은 배터리를 아끼기 위해 블루투스 안테나를 늘 꺼두고 한다. 하지만 이 문제도 무선 충전기술로 해결할 수 있을 것이다.

방에 들어가기만 해도 스마트폰이나 가전제품이 자동으로 충전되고 도로를 달리기만 해도 전기차가 충전되는 시대는 곧 온다. 미국의 스타트업이 상용화에 성공한 무선충전기는 스마트폰이나 태블릿을 가까운 거리에 두기만 해도 충전을 할 수 있는데 기존처럼 스마트폰을 무선충전 매트에 직접 가져다놓지 않아도 30cm 이내라면 최대 4대까지 동시에 충전이 가능하다. 이는 원뿔형 충전기 주위에 자기장을 형성하고 유도하는 원리로, 최근 킥스타터에도 이와 비슷한 무선충전기 제품이 주목받고 있다. 국내 연구진도 혁신적인 무선충전 기술로 관심받고 있다. 컵모양의 무선장치 안에 스마트폰을 놓으면 어떤 방향으로도 충전이 가능하고 여러 개의 스마트 기기를 넣어도 동시에 충전할 수 있다. 충전 속도도 유선충전의 약 60% 정도로, 세계 최고 수준에 가깝다.

그럼 무선충전 기술이 발전한 미래를 상상해 보자. 물론 이 상상 속에는 여러 비즈니스 모델이 존재한다. 최근 디즈니 연구소가 공개한 무선충전방은 들어가기만 해도, 갖고 있는 휴대폰이 충전되는 방이다. 방의 가운데에 설치된 구리성분의 막대가 발생시키는 자기장의 전류가 스마트폰에 전해지면서 무선으로 충전이 되는 원리인데, 이 방에 설치된 자기장으로 동시에 320개의 스마트폰을 충전할 수 있다고 한다. 머지않은 미래에는 카페나 사무실 등 특정 공간에 들어

서기만 해도 스마트폰을 자동 충전하는 것도 가능해질 것이다.

무선 충전기술은 가전제품뿐 아니라, 전기차의 미래도 바꾸고 있다. 벤츠, BMW 등 자동차 대기업들은, 스마트폰처럼 전기차를 무선충전하는 시스템을 공개하고 있다. 배터리팩이 탑재된 차량을 무선충전 패드위에 위치시키면, 선이 없이도 자동으로 충전이 시작된다. 퇴근 후 주차만 해도 잠든 사이에 차량이 충전되니, 충전소를 찾아가야 하는 불편함도 없어진다. 한발 더 나아가 무선충전 기술을 도로에 접목시키는 시도도 이뤄지고 있다. 퀄컴은 차가 달리는 동시에 충전이 가능한 놀라운 미래를 현실화시키고 있다. 도로에 무선충전 기술이 매장되어서, 차량이 100km/h 속도로 주행해도, 20kW급의 무선충전이 가능하다. 실제 전기차가 100m 도로를 주행하면서 충전하는 기술 테스트까지는 성공했다고 한다. 막대한 설치비용 등 해결과제는 남아있지만, 달리기만 해도 무선충전이 되는 미래는 이제 꿈이 아닌 현실로 다가오고 있다. 이제 무선 충전기술이 발전해 나가면서 스타트업들이 상상할 수 있는 창업의 영역은 더 넓어졌다. 이전에는 실패했던 비즈니스 모델도 이 기술과 함께 되돌아보자.

창의적인 에너지 재활용 기술, 새로운 창업의 기회

에너지 고갈과 지구 온난화는, 전 지구가 함께 당면한 문제다. 이제 화석연료를 대체할 미래 친환경 에너지의 개발은 선택이 아닌 생존의 문제가 되었다. 필수적으로 해결해야 하는 문제일수록 창업의 기회는 열려있다. 문제를 두려워하기보다는 기회로 보는 습관을 스타트업 창업자들은 꼭 갖기를 바란다.

사람이 걷기만 해도 전기가 생겨나는 거리가 있다. 영국 런던에 조성된 세계 최초의 스마트 거리의 비밀은 특수 바닥타일이다. 걸을 때 생기는 압력과 진동을 전기에너지로 바꿔주는 이 타일 덕분에 블록 1장당 5W의 전기가 생산된다. 만들어진 전기는 거리의 조명을 밝히고 음악을 재생하는 쓰인다. 자신이 만들어낸 전기 생산량을 스마트폰으로 확인할 수도 있는데 이 기술을 개발한 영국의 스타트업은 선수들이 뛰면 전기가 생산되는 축구장을 나이지리아에 설립하기도 했다.

최근에는 누구나 쉽게 재생 에너지를 만들 수 있는 기술도 발전 중이다. 음식물 쓰레기를 가스불로 바꿔주는 기발한 아이디어 제품이 있다. 남은 음식물을 이 기기에 버리면, 단 30초안에 소화조의 박테리아가 유기물을 분해해서, 바이오가스로 만들어주는데 매일 3시간동안 음식을 조리할 수 있는 정도의 가스가 생산된다. 뒷마

당 등에 한번 설치하면 매일 무료로 재생 에너지를 만들 수 있으니 환경도 살리고 에너지도 아낄 수 있다.

그렇다면 미래에는 어떤 새로운 첨단 에너지가 등장하게 될까. 모범적인 사례로 에어팟 자동차를 살펴보자. 에어팟은 휘발유도, 디젤도, 가스도 아닌, 공기로만 움직이는데 연료탱크에 압축공기를 담아서 그 폭발적인 힘으로 강력한 회전력을 얻고 자동차가 움직이는 원리다. 압축공기를 활용하면 최대시속 80km에 최대 220km를 주행할 수 있는데, 무엇보다 화석연료를 사용하지 않기 때문에 환경오염 물질을 거의 배출하지 않는다는 것이 가장 큰 매력이다.

가까운 미래에는 석유를 대체할 첨단 에너지도 등장할 전망이다. 독일의 대체에너지 기업이 개발한 인공석유 블루크루드는 수력, 풍력 등으로 물을 전기분해해서 수소를 얻고 온실가스의 주범인 이산화탄소를 이 수소와의 결합으로 만들어진다. 즉, 물과 공기로 만들어지는 친환경 대체 에너지인 셈인데, 실제로 블루크루드를 디젤차에 넣어 실험한 결과 배출 오염물질이 혁신적으로 줄어들어 친환경적인 가치가 높다고 평가받는다. 이 회사에서는 2020년부터 공장을 가동해 연간 8천 톤의 블루크루드를 생산할 예정이다. 자동차기업 아우디도 블루크루드를 가공 정제한 'e 디젤'이라는 친환경 연료를 개발하는 데 성공했다. 대량생산이 가능해진다면 자동차 에너지의 대혁신이 일어날 것으로 기대된다.

인류의 삶을 위협하는 문제들을 두려워할 것이 아니라 해결하려는 아이디어를 통해 창업의 기회를 찾아보라. 사회적 가치 실현과 동시에 새로운 시장까지 개척해 낼 수 있는 위대한 기회를 맞이할 수도 있다. 테슬라의 일론 머스크가 주목받는 이유는 환경 문제를 직시하고, 그것을 해결하려는 아이디어를 실행하고 있기 때문이다.

골전도 기술로 새로운 UI를 상상하면 창업의 기회가 보인다

선글라스나 반지가 순식간에 나만의 이어폰과 마이크로 바뀐다. 영화 속의 이야기가 아니라 현재 존재하는 기술이다. 골전도 기술은 이미 2000년대 초반에도 많이 회자되었던 기술로, 골전도 헤드셋을 가지고 음성파형을 분석했던 적이 있는데 사용화에는 성공하지 못했던 것으로 기억한다. 이 골전도 기술은 웨어러블 기기의 무한 변신을 가능하게 해준다. 이미 많은 스타트업이 뛰어들고 있는 골전도 기술은 미래 매우 유망한 창업분야이고 상상하는 만큼 새로운 시장을 열 수 있다.

킥스타터에서 목표 금액의 약 5배를 모금하며 화제를 모은 국내 스타트업, 제로아이가 개발한 스마트 모자는 앞서 얘기했다. 골전도 방식은 최근 블루투스 이어폰도 적용하고 있다. 골전도 기술은 다양한 웨어러블 기기에 접목되면서 새로운 창업기회를 만들고 있다. 홍콩의 스타트업이 개발한 신개념의 스마트 반지는 마이크와 골전도 스피커가 내장되어 있어서 스마트폰과 연동시킨 후 반지를 귀에 가져다 대기만 하면 통화가 가능하다. 구글 어시스턴트 등 음성인식 비서와 연동할 수도 있어서 스마트폰을 꺼내지 않고도 번역, 음성 검색 등 다양한 기능도 이용할 수 있다. 국내 스타트업에서 출시한 스마트 시곗줄 역시 골전도 기술을 활용한 아이디어 제품인데 손가락을 귀에 대면 진동으로 고막에 소리를 울려줘서 통화가 가능하다.

골전도 기술을 활용하면 안경도 첨단 웨어러블 기기로 바뀐다. 구현 방식은 안경테 다리에 골전도 스피커를 내장하는 것이다. 이어폰을 끼지 않은 상태에서 안경테를 가볍게 터치하는 것만으로도 음악감상 전화통화는 물론, 내비게이션, 시간 알림 기능까지 이용할 수 있다. 현재 아마존도 AI 비서 알렉사 기반의 스마트안경을 개발 중인데 안경을 통해 알렉사에게 바로 명령하거나 소통하는 것이 가능해질 것이다.

미래 골전도 기술의 활용 영역은 더 다양하다. 골전도를 활용한 보안인증도 가능할 전망이다. 독일에서는 골전도 스피커를 활용해서 인간의 두개골이 만들어내는 소리로 사용자를 판별하는 생체인증 시스템을 연구 중인데 만약 상용화된다면, 지문, 성문, 홍채, 안면, 정맥 인식에 이은 새로운 보안인증 시대가 열릴 수 있다. 또 페이스북은 골전도 기술을 활용해서, 피부를 통해 언어를 전달하는 하드웨어를 개발하겠다고 밝혔는데 이 기술이 개발된다면 피부를 통해 대화를 하는 일이 가능해지게 된다. 벤처 1세대 기업가들은 있는 기술을 가지고 시장을 설계했지만 이제는 다르다. 스티브 잡스나

일론 머스크처럼 먼저 제품과 서비스를 상상하고 구현해나가는 시대이다. 골전도 기술도 누군가의 상상을 실현해 주는 기술이다. 창업에 대한 상상의 폭을 더 넓혀보자.

다중 스마트홈 플랫폼에 강인한, 확장성 있는 솔루션을 만들자

국내 스마트홈 시장은 지난 몇 년간 연평균 20% 이상 성장해 2019년에는 21조 원 규모로 추산하고 있다. 그에 맞춰 스타트업들도 스마트홈 제품들의 출시를 가속화하고 있다. 특히 스마트홈 보안관련 제품들이 눈길을 끌고 있는데, 사람을 식별하는 초인종 카메라 '헬로우'는 카메라에 AI를 탑재해서 사람을 식별하는 초인종 카메라다. 집 앞에 낯선 사람이 있으면 AI스피커에 호출로 알려주고, 초인종을 누르면 그 화면을 사용자 스마트폰에 전송시켜준다. 또한 방문자의 얼굴을 인식해 방문자의 신분을 확인하는 안면 인식 기능도 제공된다. 또 다른 제품인 스마트 보안스피커 '케빈'은 집에 사람이 없을 때도 마치 실제로 사람이 있는 것 같은 상황을 연출해준다. 스마트홈 제품들과 연동되어서 자동으로 사람의 말소리를 재생하고 조명을 켜주는 식인데 아침에는 샤워 소리, 저녁에는 TV소리와 함께 음식을 만드는 소리를 낸다. 뒷면에는 LED조명이 탑재되어 있어 진짜 사람이 움직이는 것처럼 그림자도 만들어 낸다.

위에서 소개한 스타트업들의 제품이나 솔루션은 스마트홈 플랫폼
와 연동해 운용한다. 하지만 국내의 스마트홈 플랫폼은 솔루션만
큼이나 그 수가 많다. 대기업이 운영하는 플랫폼만 보더라도 LG의
스마트씽큐, 구글의 구글홈, 네이버의 클로바, SK텔레콤의 스마트
홈, 다이슨의 링크, KT의 기가지니 홈 IoT, 샤오미의 미홈, LG유플
러스의 IoT앳홈, 삼성전자의 스마트싱스, 카카오의 카카오홈 등이
각축전을 벌이고 있다. 이렇게 플랫폼의 종류가 다양하다보니 스타
트업들은 모든 플랫폼에 호환 가능하도록 강인한 설계를 해야만
한다. 하나의 플랫폼만 바라보고 개발한다면 판매량이 담보되지
않을 수 있어 리스크가 있다. 현재 스마트홈 유저들의 사용방식을
보자면 안드로이드 스마트폰을 쓰고, 삼성전자 냉장고와 LG전자
에어컨, 샤오미 로봇청소기와 다이슨 공기청정기를 쓰면서 이들 기
기에 탑재된 홈 IoT 기능을 모두 사용하려면 구글홈, 삼성 스마트
싱스, LG스마트씽큐, 미홈, 다이슨링크 애플리케이션을 모두 스마
트폰에 깔아야 한다. 스마트홈의 핵심은 '연결'이지만, 스마트홈 플
랫폼들은 서로 연결이 되지 않아 사용자 입장에선 오히려 불편할
수 있다. 이런 불편함 때문에 각 플랫폼들은 각자의 표준 API를 정
해서 스마트홈 제품이나 솔루션들을 각자의 플랫폼에 유치하려고
노력 중이다. 플랫폼들 간의 협업도 중요하다. 얼마 전 삼성전자와
LG전자가 공동으로 사용할 수 있는 홈 IoT 플랫폼을 갖추고 생태
계 확장에 협력키로 함에 따라 홈IoT의 '연결성' 확장에 방점을 둔

신기술 제품의 출시가 기대되고 있다.

스마트홈 플랫폼의 인터페이스 2대 축은 사용자의 스마트폰 애플리케이션과 AI 스피커다. 우리나라의 AI 스피커들은 젊은 세대와 싱글족 등을 공략하며 빠르게 보급되고 있다. 글로벌 ICT 기업들은 대부분 스마트 스피커 시장에 뛰어들었고, 현재 종류만도 56종에 달한다. 기업들이 AI 스피커 시장에 뛰어들고 있는 이유는 스마트홈 플랫폼 시장의 경쟁우위 확보파원이다. 스마트홈 플랫폼의 인터페이스와 허브 역할을 동시에 담당하는 AI 스피커는 사람의 귀에 해당하는 음성인식 마이크 입력과 사람의 입에 해당하는 음성합성 스피커 출력이 1세대 제품이었고, 2세대는 사람의 눈에 해당하는 카메라와 사람의 표정과 몸짓에 해당하는 모니터가 부착될 전망이다. 스타트업들도 2세대에 맞춘 전용 애플리케이션 개발을 준비한다면 좋은 시장을 공략하게 될 것이다. 정보를 눈으로도 보여주는 AI 스피커는 통해 영상융합 서비스뿐만 아니라 상품 구입 등 전자상거래 구현에 효과적이어서 스마트홈 시장을 한 단계 끌어 올릴 것으로 기대된다. 그외 보안응급상황 대처 및 생활 보조 서비스 분야 등이 강화된 시니어 케어 서비스도 2세대 AI 스피커의 활용처로 주목받는 분야다.

4차 산업혁명의 격전지,
축구도 예외는 아니다

지난 2018년 월드컵 조별 예선에서 한국은 2:0으로 독일에 승리했다. 2014년 월드컵 우승국 독일은 우승 당시 모든 선수의 운동복에 IoT 센서를 부착해 훈련한 것이 나중에 알려져 당시 스포츠의 빅데이터 분석이 화두가 되기도 했었다. 실제 축구는 빅데이터 분석에 의해 경기의 승패가 좌우될 만큼 IT기술의 영향력이 커지고 있고, 5G 환경에서 AR, VR 기술을 활용한 훈련 기법도 등장하고 있다.

축구 AI 분석 스타트업인 제이퍼스트게임즈는 2006년부터 빅데이터 관련 연구개발을 해온 JPD빅데이터연구소에서 지난 5년간 영국 프리미어리그, 월드컵 등을 포함해 약 1,000개의 경기 영상을 빅데이터로 변환해 학습 자료를 구축했다. 학습을 위해서는 경기에 영향을 미치는 의미 있는 데이터를 추출해야 하는데 2차, 3차로 가공된 축구 데이터를 AI가 학습하는 원리다. 가공된 데이터에서 전술적 패턴을 추출할 수 있고 이를 AI가 학습한 이후 팀의 최적 전술 패턴을 찾아낼 수 있다. 결론적으로 팀별 전술 신경망 알고리즘이 구축될 수 있는데, 이는 마치 알파고 바둑의 기보와 같은 역할을 한다.

이 기술은 2018년 하반기 AI 축구 플랫폼서비스인 빅디비 애플리케이션을 통해 스포츠팬들에게도 공개되었다. 빅디비는 경기가 진행되는 상황을 실시간으로 분석함과 동시에 패턴을 분석하기 때문에 사람보다 더 정확하고 객관적 판단을 내릴 수 있다. 지금까지 모든 축구 데이터는 전문가만이 전유물처럼 활용할 수 있었고 일반인들은 제한된 데이터만 볼 수 있었다. 축구 AI 빅디비는 경기 중에 팀 공격과 전술과정을 데이터로 찾아내고, 관여한 선수들에 대한 평가를 팬들에게 공개한다. 축구 팬들은 빅디비를 통해 축구 중계 중에 일어나는 모든 경기상황을 데이터로 알 수 있게 된 셈이다. 뿐만 아니라, 모든 구단의 선수 개개인에 대한 기술 평점들이 실시간으로 평가되어 수시로 확인이 가능하다.

AI 축구 분석 서비스는 경기 중에도 동일 시간대에 경기를 치른 팀과도 비교평가를 제공한다. 또 평균 골 득점시간을 미리 알 수도 있고, 전술 패턴의 시나리오, 유효 슈팅 등을 수시로 확인할 수 있는 하이라이트 기능들이 제공된다. 2018년 프로축구 K-리그1 12개 팀이 38라운드를 통해 치른 종합 456경기 모두를 AI는 분석했다. 456경기에서 분석한 시간은 90분 경기 기준, 총 492,480분으로 시간으로는 2만 시간, 342일에 해당하는 시간을 분석한 것이다. 그 과정을 통해서 나온 약 1억 4,600만 개의 유효데이터를 처리해 '빅디비 차트'가 완성되었다. 빌보드 차트와 같이 실시간 축구 리그의 선수와 팀 전력을 실시간 결과를 공개하는 방식이었다. 이 결과를 통해 'AI 빅디비 차트-100'이 선정한 K리그의 최고의 선수 1위는 평균 평점 9.09를 받은 대구의 세징야 선수다. AI는 각 포지션별 차트와 매치게임의 평점도 모두 공개했다. 예를 들어, AI가 추천한 2018

년 가장 치열하고 재미있었던 경기는 5월에 치러진 K리그1 11라운드 제주 유나이티드와 강원 FC의 경기로 나타났다. 이 결과는 각 선수의 공격기술 및 전술적 연관성 등을 분석하고 평가하는 종합적인 알고리즘이라 신뢰도가 높은 객관성을 가진다.

스포츠 산업이 4차 산업혁명의 또 다른 격전지로 부상하면서 스타트업들이 진출하는 시장이 되고 있다. AI 시장에서 경쟁우위를 갖추려면 학습데이터 수집에 집중해야 한다. 각 종목별로 경험에 의한 직관을 가지고 학습데이터를 정의할 수 있다면 창업을 시도해볼 만하다.

웨어러블 디바이스와 동반 성장하는 플렉서블 배터리 시장

2018년 4분기 전 세계 웨어러블 디바이스 시장이 연말 쇼핑 시즌 판매 호조 등의 영향으로 분기별 최고치를 기록했다. 시장조사기관 IDC의 발표에 따르면 2018년 4분기 전 세계 웨어러블 디바이스의 총 출하 대수는 전년 동기 대비 31.4% 늘어난 5,930만 대로 집계되었다. 이는 분기별 최고 기록이다. 연말 쇼핑 시즌과 주요 스마트폰 브랜드가 스마트폰과 웨어러블 기기를 함께 판매하는 전략을 취했기 때문이라고 IDC는 밝혔다.

종류별로 보면 애플워치 등을 필두로 한 스마트워치가 2017년 4분기보다 55.2%나 늘어나 웨어러블 기기 전체의 34.3%를 차지했으며 손목에 감는 밴드 유형 기기의 점유율은 30%로 집계되었다. 눈에 띄는 부분은 애플의 에어팟 등 귀에 착용하는 웨어러블 기기 판매량은 전년 동기 대비 66.4% 급증하면서 전체 성장률을 끌어올렸고 점유율은 21.9%였다. 2018년 연간으로도 전년 대비 27.2% 증가한 1억7,220만 대를 기록했다. 이 기간 스마트워치의 출하 대수는 전년 대비 54.3% 증가해 웨어러블 시장 전체의 29.8%를 차지했다. 웨어러블 디바이스는 특성상 인체에 부착되기 때문에 일반배터리가 적용되기는 어렵다. 유연하게 휘어질 수 있는 플렉서블 베터리가 적합하다. 대구경북과학기술원 연구팀은 최근 전기적 특성을 유지하는 고신축 섬유를 개발했다. 웨어러블 디바이스나 생체센서 등 다양한 분야에 응용 가능할 것으로 기대된다. 또한, 최창순 스마트 섬유융합연구실 선임연구원팀은 최대 16배 늘어나면서 동시에 전기적 특성을 유지하는 고탄성 다기능 섬유(슈퍼코일섬유)를 개발해 네이처 커뮤니케이션스에 연구결과를 게재했다. 연구팀은 DNA구조에서 영감을 받아 이를 모방한 섬유를 만드는 방식으로 탄소나노튜브로 둘러싼 스판덱스 섬유를 꼬아서 슈퍼코일 구조를 구현했다. 길이 방향으로 최대 16배까지 늘어나지만 전기전도도 저하는 발생하지 않는다. 기존 스판덱스 섬유와 달리 섬유를 꼬아서 만들었기 때문에 전화기 선처럼 원래 길이보다 늘어나는 특성이 있다. 고신축성이 필요한 신호전송용 케이블뿐만 아니라 로봇팔과 로봇외골격, 고도의 유연성이 필요한 전자회로 등 다양한 산업분야에 적용할 수 있다.

한국 스타트업 리베스트는 플렉서블 배터리를 연구개발하는 스타트업이다. 리베스트는 카이스트 학내벤처 출신으로 '애플워치용 무선충전 밴드'를 개발해서 CES, MWC에서 많은 주목을 받았다. 리베스트 베터리는 최적화된 가장 진보된 배터리로서 스마트 워치 등 손목 장치에 적용 가능한 플렉서블 배터리다. 리베스트에서 개발한 플렉서블 리튬이온 배터리는 전 구간이 유연하면서도 순간적으로 높은 에너지를 출력할 수 있으며 두께가 3mm 안팎에 그칠 정도로 얇아 힘을 주는 대로 모양을 바꿀 수 있다. 또한 배터리 셀을 쌓는 방식을 개선해, 기존 배터리보다 용량도 10배가량 키웠다. 배터리 전체가 자유롭게 구부러지는 특성이 있어 인체의 굴곡 면을 따라 손쉽게 변형이 가능하다보니 스마트워치와 넥밴드, 무선 헤드폰 등에도 사용할 수 있으며 기존의 얇은 카드형 플렉서블 배터리보다 용량도 크다. 기존의 딱딱하고 네모난 배터리를 사용한 웨어러블 기기가 디자인에 한계를 보였다면, 리플렉스를 사용하면 기존 제품의 디자인 한계를 허묾과 동시에 에너지 밀도가 높기 때문에 카드형 플렉서블 배터리로는 부팅조차 불가능했던 스마트워치를 작동시키기에 충분한 성능을 낼 수 있다.

애플워치는 전 세계적으로 독보적인 판매량을 보이고 있지만, 한편으로는 낮은 배터리 용량에 대한 목소리도 많다. 기존의 애플워치는 착용을 풀고 자석형 무선충전기에 부착해야만 충전이 가능했기 때문에 기동성이 떨어지고 충전하는 2~3시간 동안 이동이 불가능해 사용이 어렵다는 단점이 있었다. 이를 보완하기 위해 리베스트는 자사의 플렉서블 배터리를 스트랩에 내장해, 애플워치를 손목에 착용한 상태에서 사용과 무선충전이 동시에 가능한 제품을 개발했다. 이 무선충전밴드의 배터리 용량은 현 시대에서 가장 강력한 웨어러블 디바이스인 애플워치 배터리 용량의 약 3배 정도이고 기존의 모든 애플워치 시리즈와 호환된다.

자율주행 로봇 시장이
자율주행 차량 시장보다 가깝다

아마존이 상품을 주문자에게 전달하는 자율주행 로봇 '아마존 스카우트'를 공개했다. 도미노피자 등이 실험 중인 로봇 배달 시장에 본격적으로 뛰어든 아마존 스카우트는 앞으로 소비자들의 문 앞까지 상품을 실제 배달하기 위해 빠른 속도로 업데이트가 될 계획이다. 현재 미국 워싱턴 스노호미시에서 평일에만 시험 운용되고 있다. 스카우트는 6개의 바퀴와 전기 배터리로 작동되며 이동 속도는 사람이 걷는 속도와 비슷하다. 아마존 스카우트는 사전에 전자지도 입력된 이동 경로를 따라서 배달을 하러 가게 되는데 원리는 자율주행 차량과 비슷하다. 자율주행 차량은 이동할 수 있는 전자지도가 주어져 있고, GPS가 있어서 자기위치를 알 수 있으며 차선이나 신호등 같은 규칙이 주어져 있다. 반면에 실내에서 주행하는 자율주행 로봇은 전자지도가 없기 때문에 스스로 지도를 만들어야하고, GPS가 없기 때문에 센서로 인식한 정보를 기반으로 지도상에 어디에 있는지를 스스로 추정해야하며, 차선이나 신호등이 없기 때문에 스스로 더 많이 판단해야 한다. 자율주행 차량 기술 기반의 로봇은 복잡한 환경에서 센서로 주변을 인식했을 때 지도에 있는 환경의 정보와 사람과 같이 지도에 없는 장애물 정보를 분리하지 못해 자기 위치 인식률이 떨어질 수 있다.

지도 없이 창고관리를 위해 구현된 자율주행 로봇은 이미 상용화되고 있다. 자율주행 물류로봇은 사전에 경로가 입력되지 방식이 아니라 주변을 파악하며 경로를 생성해 이동하는 방식이다. 아마존은 배달 로봇 실험 이전에 미국 각지에 있는 창고에 로봇 키바를 10만 대 배치해 물류를 관리하고 있다. 로봇청소기와 닮은 납작한 모양의 키바는 최대 1.4t까지 들어 올릴 수 있고 1시간 걸리던 물류 순환속도를 15분으로 단축시켰다. 기존 인건비 대비 80% 이상 인건비도 줄였다.

지도를 입력하는 방식과 측정해 생성하는 방식 두 가지가 모두 구현되는 사례도 있다. 국방 자율주행 로봇은 열악한 환경 조건에서 개략적인 사전 정보와 탑재된 센서로부터 얻는 정보를 활용해, 작전 지역에서 목적지까지의 자율주행, 경로 개척, 감시, 정찰, 물류 수송, 부상자 구출 등 다양하고 복잡한 임무를 수행한다. 국방 자율주행 로봇은 작전임무가 부여되면 인지, 판단, 행동의 3단계를 통해 업무를 수행한다. 로봇이 환경의 변화 국방 자율주행 로봇은 환경인식 결과를 기반으로 지표의 상황을 계산해내고 입력된 지도와 비요 예측해 주행이 가능하다.

트위니는 국내 자율주행 이동로봇 스타트업으로서, GPS가 없는 복잡한 실내 환경에서 추가적인 인프라 구축 없이 정확하게 자기위치 추정을 할 수 있는 기술력과 동적으로 변하는 환경에서 대상을 따라다니는 추종 소프트웨어 부문에서 세계적인 기술을 가지고 있다. CES 2019에서 자율주행 쇼핑카트 로봇 장보고를 선보여 큰 호평을 받았으며, 물류창고 등에서 효율적으로 쓸 수 있는 자율주행 물류 운송기차도 개발하고 있다. 최근에 대형 마트에서 사람이 많은 영업시간 중에 자율주행 시연을 성공했다. 대형마트처럼 실내 공간이 넓어지면 지도가 넓어져 처리해야 하는 데이터의 양이 늘어난다. 때문에 연산 속도가 느려져 실시간으로 사람을 따라갈 정도의 원활하고 즉각적인 자율주행을 어렵게 한다. 트위니는 자체 개발한 지도융합 기술을 통해 처리해야 하는 데이터양이 많아지더라도 연산량은 일정 수준으로 유지시켜준다.

장보고는 트위니의 자율주행 기술이 적용된 로봇으로서, 뎁스카메라로 고객을 인식하고 인식된 대상을 따라다니는 차세대 카트다. 이동 중에 지정대상이 아닌 다른 장애물은 피해 충돌을 방지한다. 아이와 함께 쇼핑하는 부모나 노약자가 마트에서 이용할 경우 카트를 밀 필요가 없어서 편하게 쇼핑을 할 수 있고, 무거운 물건을 끌고 다녀야 되는 공장이나 물류 창고에서도 활용도가 높을 것으로 기대된다.

드론 스타트업,
현재 열리고 있는 시장에 집중하라

드론 시장은 더 이상 미래의 시장의 아니라 현실의 시장이다. 스타트업들이 다양한 형태의 사업 모델로 이미 매출을 발생시키고 있다. 물론 규제 때문에 제한적인 연구 환경에서의 결과물이지만 나름의 틈새시장을 개척하며 세계적인 경쟁력을 갖추어가는 스타트업들이 있다. 평창올림픽 개막식 때 미국회사인 인텔이 구현한 600대 규모의 드론라이트쇼는 미국과 한국의 기술차이를 실감하게 하는 이벤트였다. 하지만 2019년 광복절 기념식에 군집드론 150대를 활용해 태극기 드론쇼를 성공시킨 한국 스타트업이 있다. 바로 유비파이다.

유비파이는 AI 기술에 기반을 둔 레이싱 드론, 연구용 드론 등 경쟁력 있는 제품을 개발 판매해왔으며, 2019년 초 세계 최초로 상용 군집 드론 IFO의 국내 연구개발과 양산에 성공했다. 미국 CES를 통해 공개되자마자 미국의 드론 미디어 드론 러시로부터 최고 상용 드론상을 수상했다. IFO는 출시 이후 반년 만에 10개국에 수출했다. 유비파이의 드론 태극기는 컴퓨터로 군집드론을 운용하는 단 한 명의 조종사의 명령에 의해 드론들이 한 줄씩 하늘로 날아오른

후 각자의 자리로 비행해 '건' '곤' '감' '리'와 태극 문양, 테두리를 하나씩 그려냈다. 드론 150대의 군집비행은 국내 기업이 이뤄낸 적 없는 새로운 기록이다. 유비파이는 이러한 군집드론을 활용한 엔터테인먼트 시장의 상황을 빠르게 파악해 다양한 사업자들이 직접 자신들의 아이디어를 구현할 수 있도록 제품의 형태로 제공하는 세계 최초의 상용 군집드론을 시장에 출시했다. 비록 후발주자였지만 새로운 수요를 충족시키는 비즈니스 모델을 도입해 새로운 시장을 개척했다.

산업 현장에 드론을 적용하는 산업용 드론 스타트업도 점점 많아지고 있다. 이동식 수질측정 드론을 개발해 상용화한 탱고드론은 농어촌공사에 납품한 수질측정 드론을 통해 관련 업무 생산성을 끌어올렸다. 제어 탑재형 탱고드론 토탈 솔루션은 수면 위 자세제어기능을 통해 이동식 실시간 수질측정 후 전송이 가능하다. 고정식 수질측정기와의 호환성과 추락대비 자동팽창기능 등을 추가해 제품을 현장의 산업 니즈에 맞게 개선했다.

산업 현장에서의 적용을 위해 대기업과 중소기업 간의 협업도 사례도 나타나고 있다. SK텔레콤은 2019년 무인항공기 개발사 유콘시스템과 '5GX 드론 솔루션 개발을 위한 업무 협약'을 체결했다. SK텔레콤은 5G 통신, AI 기반 영상 분석, 4K 저지연 영상 전송, 'T 라이브 캐스터' 등 관련 ICT 기술을 드론에 적용하는 역할을 수행하고 유콘시스템은 드론 제작 기술과 운용 경험을 바탕으로 5GX 드론 솔루션 적용에 최적화된 드론을 개발한다.

촬영용 드론 시장도 산업용 드론 시장의 큰 영역인데 촬영용 드론 시장의 틈새를 공략한 스타트업도 있다. 디스이즈엔지니어링은 독창적인 드론 조종기를 특징으로 한 시프트 드론을 출시했다. 흔들림 없는 FHD급 동영상 촬영과 실시간 영상 송수신, 자율 주행 등 다양한 기능을 컴팩트한 사이즈에 구현해 휴대성을 높였고 조작 방식을 개선해 드론 조종을 쉽게 업그레이드 했다. 시프트 드론은 저가형 토이 드론과 고가형 촬영용 매니아 드론으로 양분화된 시장에 패밀리 드론이라는 새로운 틈새를 정의하는 데 성공했다고 평가받고 있다.

자율주행 테크
스타트업들의 도약

자율주행 테크 스타트업들이 각자의 요소기술로 미래 시장을 준비해 나가고 있다. 관련한 테크 스타트업 인수도 한창인데 음식 배달기업 도어대쉬가 자율 및 원격 제어 차량 기술 개발에 주력하는 스타트업 스카티랩스를 인수했다. 지난 2017년 도어대쉬는 스타쉽 테크놀러지와 제휴해 소형 반자동 로봇을 이용한 음식 배달 테스트를 진행했으며 2019년 초에는 GM과 협력해 자율 차량을 활용한 식품 배달 서비스를 시작하기도 있다. 스카티랩스는 최근 캘리포니아 고속도로에서 자율주행 트럭을 테스트하고 샌프란시스코에서 원격으로 차를 조종한 바 있는데 도어대쉬의 자동화된 음식 배달의 미래가 머지않아 현실화될 것으로 기대된다.

우리나라에서도 자율주행에 필요한 요소기술별로 테크 스타트업들이 등장하고 있다. 세계 최초로 개발한 하이브리드형 라이다를 상용화하고 있는 국내 스타트업이 있다. 에스오에스랩은 자동차와 드론의 자율주행, 장애물 회피 등에 필요한 핵심기술인 라이다를 개발해 왔는데 하이브리드 스캐닝방식의 라이더를 필두로 자율주행 차량 대중화시장을 공략해 가고 있다. 라이다는 자율주행 차량, 산업로봇, 자동화 설비 등 4차 산업혁명을 이끌 첨단 기기의 눈의 역할을 하는 장비다. 차가 자율주행하려면 컴퓨터가 주변 환경을 상시 완벽하게 인식해야 하는데 라이다는 레이저를 이용해 악천후에서도 빠르게 주변 환경을 인식하고, 컴퓨터가 이해할 수 있는 입체 지도를 만든다. 이 지도는 자동차가 구동하는 정보에 영향을 미치게 되고 자율주행 차량끼리 연결이 끊겨 실시간 정보 공유가 이뤄지지 않는 상황에서 라이다는 안전사고를 예방하는 중추 기능을 수행한다. 자율주행 기술을 연구하는 모든 차량에는 핵심 센서 기술로 라이다가 채택되어 있다. 미국자동차기술학회가 정의한 자율주행차 진화 5단계 중 어느 구간에 놓고봐도 안정성 측면에서 라이다는 꼭 필요하다. 에스오에스랩이 개발한 라이더는 기존 라이다 업계에서 널리 쓰이는 모터 방식과 고체형 MEMS방식의 장점만을 결합한 구조로 뛰어난 성능 및 안정성과 가격적인 경쟁력까지

고루 갖춘 제품이다. 레이저를 활용한 에스오에스랩의 라이다는 작은 사물까지 정밀하게 감지하고 구분할 수 있다. 어두울 때는 잘 찍히지 않고 사생활 침해 문제까지 지닌 카메라의 대안이 될 것으로 기대된다.

모빌테크는 라이다를 기반으로 한 자율주행 3차원 지도 및 인지 분야 스타트업이다. 에스오에스랩과 협업이 가능한 국내 스타트업이기도 하다. 3D 스캐닝 솔루션 및 3D 공간정보 데이터를 공급할 수 있는 사업모델을 가지고 있고 센서, 고정밀지도(HD맵), 인지프로그램 등을 하나의 시스템으로 합친 자율주행용 인지 시스템을 현재 개발 중이다. 모빌테크는 라이다를 활용한 3D 정밀지도 매핑에 특화된 기술을 보유하고 있다. 서울모터쇼에는 자체 기술로 개발한 3D 스캐닝 제품 '레플리카' 시리즈를 출품했다. 레플리카 시리즈는 라이다와 카메라를 활용해 3D 지도 정밀 데이터를 수집하고, 딥러닝을 통해 후처리하는 통합 솔루션이다. 라이다를 설치한 차량이 주변 환경에 대해 데이터를 수집하고 정밀 분석을 통해 3D 지도화를 진행한다. 차량 위치 파악 시에는 정확하게 차량을 유도하기 위해 GPS와 함께 카메라와 라이다를 사용해 10~15cm 정도로 오차를 줄이고, 하나의 센서가 고장 나더라도 안전한 주행이 가능하도록 했다. 모빌테크가 3D 지도 제작 및 자율주행 인지 분야에서 담당한 기술적 파트는 자율주행의 단점인 예외사항 처리가 좀 더 완벽해질 수 있다.

자율주행 실험 시뮬레이터에 집중하는 스타트업도 있다. 모라이는 실제 도로와 유사한 3차원 가상 환경을 만들어 자율주행 알고리즘을 시험·고도화하는 시뮬레이터를 개발하고 있다. 자율주행 AI 학습에 실제 도로주행이 가장 이상적이지만 위험성도 높고 많은 비용과 시간이 든다. 모라이는 우선 국내 도로 환경에 맞는 주행데이터를 만들고 있다. 고속도로, 자동차전용도로 등 모라이가 실측한 도로 데이터를 기반으로 신호등, 표지판, 교차로 등부터 도로표면, 지형. 날씨에 이르기까지 다양한 가상환경을 구축해 AI 알고리즘을 적용하고 있다.

다양한 형태로 발전하는
디지털 사이니지 시장

Z세대들은 유튜브 검색 세대로 불린다. 텍스트나 사진 검색보다는 영상 검색에 익숙한 세대를 대상으로 한 광고 방식도 바뀌고 있다. 오프라인 매장도 영상기반의 광고 플랫폼이 구축되고 있다. 바로 플랫폼 기반의 디지털 사이니지 기술들이다. 매장들뿐만 아니라 엘리베이터, 대중교통 곳곳에 디지털 사이니지는 등장하고 있다. 다양한 기술과 혁신적인 변화를 통해 디지털 사이니지의 형태도 다양화되고 있다. 안정성 부분도 모니터링 기술이 발전하면서 상용화 수준을 넘어서서 다양한 응용을 가능하게 했다.

현재 이 시장의 선두 스타트업은 플러스티브이다. 플러시티브이 디지털 사이니지 솔루션을 이용하면 스크린 여러 대를 원격으로 관리할 수 있다. 플러스티브이의 솔루션은 매장 내에 설치한 디지털 사이니지를 통한 광고 사업도 가능하다. 전국 단위망을 갖춘 자동차 정비소나 동물 병원, 편의점 등과 광고를 송출하고 리포팅하는 시스템을 구축했고 매체 기획과 운영 대행을 통해 수익을 창출하고 있다. 플러스티브이는 현재 데이터 분석과 머신러닝, 컴퓨터비전 기술을 이용한 차세대 디지털 사이니지를 출시할 예정이다.

인터브리드는 건물 유리에 적용하던 기존의 스마트 필름에 IoT를 비롯한 무선통신, 클라우드, 소프트웨어, 전기, 화학 기술을 융합해 매장의 윈도우를 브랜드 광고 미디어로 만드는 스마트 미디어 솔루션 튠을 출시했다. 이는 옥외 광고 대신 매장의 윈도우를 미디어 디스플레이로 활용할 수 있게 해주는 솔루션이다. 튠은 스마트 필름, 빔프로젝터, IoT기기 및 클라우드 서비스로 구성된다. 스마트 필름은 PDLC 소재로 평상시에는 불투명한 필름이지만 전기를 통하게 하면 투명하게 바뀌는 특수한 기능을 갖고 있다. 이러한 특성 때문에 스마트 필름이라고 불리며, 필름 형태로 어느 유리에나 쉽게 부착이 가능하다. 튠은, 스마트 필름을 쇼윈도우에 부착하고 셋톱박스와 빔프로젝터를 설정하면, 매장 쇼윈도우를 광고 디스플레이로 만들어 점주나 브랜드 관리자가 직접 광고물을 송출할 수 있는 서비스이다. 클라우드 서비스가 연동되어 있기 때문에 언제 어디서든 애플리케이션을 통해 원격으로 원하는 시간에 원하는 영상 및 이미지 송출을 관리할 수 있다.

키오스크 스타트업 센시콘은 키오스크에 디지털 사이니지 기능을 탑재했다. 최근 공유주방 전용 키오스크를 출시한 센시콘은 공유주방의 여러 브랜드들을 동시에 홍보할 수 있는 디지털 사이니지 기능을 메뉴별로 사업자를 입력할 수 있는 솔루션과 함께 출시했다. 이미 국내 대표 공유주방 먼슬리키친에 공급, 상용화에 성공했다. 카멜레온 플랫폼은 총 4가지 제품군으로 구성되었다. 키오스크, 포스, 테이블오더, 주문 애플리케이션으로 구성되었고 포스를 제외한 모든 고객 UI에는 디지털 사이니지 기능이 들어갈 수 있다.

B2B를 지향하는 스타트업들은 상대적으로 B2C 스타트업들보다 성공확률이 높다. 시장의 문제정의에 있어서 고객사의 문제를 구체적으로 파악하기가 용이하다. 반면 B2C는 고객의 문제를 파악하기 위해 모집단을 정의해 시장을 조사하는 방식에 의존하기 때문에 확률적으로 시장문제 정의와 솔루션 제공이 정확하지 않을 수 있다. 그래서 시리즈A 투자유치 기준으로 개수한 스타트업 성공확률은 B2B가 훨씬 높다. 하지만 성공한 B2B 스타트업은 매출대비 가치측면에서는 B2C보다 훨씬 떨어진다. J커브를 그리는 성장보다는 순차적인 성장세가 더 많기 때문이다. 이러한 약점을 극복하기 위해서는 B2B 스타트업들은 연구개발에 집중해 딥테크 기업으로 발전할 필요가 있다. 로열티를 받거나 소프트웨어 플랫폼 기반으로 진입장벽을 쌓는다면 B2B 스타트업들도 유니콘으로 성장할 가능성이 있다.

푸드테크, 먹어도
먹어도 끝이 없다

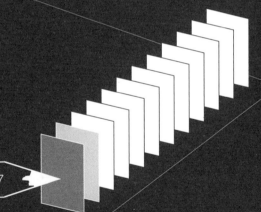

START-UP GUIDE 7

푸드테크,
끝없는 진화를 거듭하다

　　　　　　　　　　　　　푸드테크는 O2O의 3대 시장
가운데 하나다. 최근 몇 년 사이 오랜 인류의 생활 습관을 단기간
에 바꿔놨다는 평가다. 푸드테크는 단순히 보면 외식업과 IT의 결
합이다. 특히 우리나라에서는 배달 애플리케이션, 배달대행 플랫폼,
POS 등의 영역만 부각된다. 하지만 푸드테크는 진화를 통해 다양
한 푸드 영역에 적용되고 있다. 따라서 좀 더 깊이 들어가면 다양한
스타트업 창업 영역을 발견할 수 있다.

최근 선진국에서는 푸드테크 신성장 영역으로 미래 식량난을 해결
할 대체음식 개발이 부각하고 있다. 미국의 스타트업 멤피스미트는

2017년 소의 근육 세포를 배양해서 만든 소고기와 미트볼을 선보인 데 이어 세계 최초로 인공 닭고기를 만들어내기도 했다. 맛과 식감이 진짜 고기와 별 차이가 없는 데다 영양까지 풍부한 것이 장점이다. 앞으로 5년 후에 소비자들이 직접 사먹을 수 있게 만들겠다고 하니 마트에서 인공고기를 볼 수 있는 날도 멀지 않았다. 또 다른 미국 벤처기업은 식물에서 빼낸 단백질 성분으로 만든 인공달걀과 마요네즈를 판매하고 있고 무프리라는 스타트업은 효모를 이용해 만든 식물성 인조 유유를 곧 제품화해 출시할 예정이다.

푸드테크가 AI와 IoT을 품고 진화하면 인류 생활은 한번 더 혁신적으로 바뀔 것이다. 두 기술을 결합한 똑똑한 냉장고는 식재료 관리는 물론 식재료에 맞는 레시피도 척척 추천해 준다. CES 2018에서 선보인 요리보조 로봇은 재료를 준비할 동안 오븐을 예열하거나 커피머신을 작동하는 건 물론, 냉장고 안의 재료가 부족하면 온라인으로 주문까지 해준다. 아예 요리를 대신해 줄 로봇 요리사의 도입도 멀지 않았다. 영국의 몰리로보틱스가 개발한 이 로봇 요리사의 팔에는 수십 개의 모터와 관절, 센서가 달려 있어 재료손질부터 칼질까지 능숙하게 해낸다. AI를 통해 2,000개가 넘는 레시피를 학습, 맞춤형 요리를 제공하고 식사 후 설거지 준비까지 도와준다. 1,600만 원이라는 비싼 가격이어서 대중화까지는 시간이 조금 걸리겠지만 로봇 요리사는 요리라는 영역에서 혁신을 일으킬 것이다. 첨단 3D 프린팅 기술과 푸드테크의 결합도 기대되는 분야다. 이미 미국의 스타트업은 6분 안에 피자 한판을 만들 수 있는 3D프린터를 개발했고 파스타 면을 자유자재로 뽑아내는 3D프린터도 판매 중이다.

푸드테크 분야는 특히 모바일 기반 O2O 서비스는 중국을 깊게 벤치마킹해볼 필요가 있다. 중국의 양대 배달 애플리케이션이라고 불리는 메이뚜완과 어러머는 이미 배달 애플리케이션 이상의 서비스를 보여주고 있다. 매장에 공급되어 있는 차세대 안드로이드 POS와 결합되어 조리시간과 배달시간을 주문수와 교통상황까지 감안해 배달시간을 계산한다. 단순 배달을 넘어서 테이크아웃과 대기열 서비스까지 배달애플리케이션 기능에 포함시키고 있으니, 더 이상 배달 애플리케이션이 아닌 모바일 푸드 플랫폼이라고 불릴 만하다. 스타트업을 많이 배출해낸 푸드테크 분야. 더 이상 창업 분야가 없을 것 같이 느껴지지만 아직 무궁무진하다. 늘 무언가를 먹고 있을 때 상상해 보라. 어떻게 푸드테크를 진화시킬지.

애그리테크,
무한한 창업시장을 열어낼 수 있다

스마트팜 식물공장 기술을 가진 포르투갈 스타트업 쿨팜의 엑셀러레이팅을 진행하면서 애그리테크에 대해서 많은 조사를 진행한 적이 있다. 그 전에는 단순히 푸드테크의 한 부분 확장으로만 생각했었지만 애그리테크는 그 자체만으로도 4차 산업혁명의 모든 키워드가 적용되는 분야다. 대규모 투자를 수반해야 한다는 선입견도 없어졌다. 3D 프린팅과 오픈 소스를 다양하게 활용해 R&D에 대한 투자 진입장벽이 낮아 졌기 때문이다. 실제 농업의 불편한 요소를 해결하는 상상력이 바로 창업의 시작이다. 서비스를 상상하고 시장을 타진하면 기술을 구현하기만 하면 되는 세상이다.

애그리테크 이끌 첫 번째 주인공은 AI와 농업 서비스 로봇이다. 미국 기업이 공개한 자율주행 트랙터는 아예 운전석이 없다. 이 무인 트랙터는 스스로 작물을 심고 수확을 할 수 있는데 레이더와 영상 카메라, GPS 등을 탑재해서, 장애물을 만나면 멈출 수 있다. 농부는 컴퓨터나 스마트폰을 통해 트랙터를 원격제어하면서 작업을 감독하는 방식이다. AI를 입은 농업 로봇도 등장했는데 씨앤스프레이라는 이름의 AI 상추 로봇은 탑재된 카메라가 비전인식을 통해 상추 위치를 인식하고 필요한 만큼의 제초제를 정확히 뿌려 준다. 사람이 직접 뿌릴 때보다 농약사용량을 90%나 줄일 수 있다. 이미 유럽의 화훼농가에서는, 센서가 탑재된 로봇들이 서로 협조해서 꽃을 심고 운반 작업까지 도와주고 있다. 최근, 국내 스타트업도, 1시간에 800평의 제초작업을 수행할 수 있는 농업용 로봇을 개발했다.

두 번째 주인공은 빅데이터 기술이다. 구글이 투자한 농업 빅데이터 기업, 파머 비즈니스 네트워크는 다양한 농가들로부터 수집된 데이터를 분석해서 언제 씨앗을 뿌려야할지 또 어떤 작물을 심으면 좋을지 등을 알려준다. 경험이나 감으로 농사를 짓는 게 아니라, 데이터 기반의 체계적인 농사가 가능해지고 여기에 드론기술까지 접목될 수 있다. 드론 센서가 농작물을 모니터링하고 이 데이터를 통해 수확 시기를 파악하는 기술이 이미 상용화를 앞두고 있다. 빅데이터 기술이 미래 식량위기의 해결사가 될 수 있기를 기대해 본다.

미래 농업을 이끌 세 번째 기술은 스마트팜 식물공장이다. 세계 최대 규모의 도심형 식물공장, 에어로팜은 7층 높이의 공장에 선반을 층층이 쌓아 연간 1천 톤의 채소를 생산한다. 식물의 상태를 인식하는 센서와 데이터분석을 위한 알고리즘 등 다양한 IT기술이 적용되어 있습니다. 이런 스마트팜은 계절에 상관없이 생산량을 유지할 수 있고, 도시 소비자들에게 훨씬 빨리 안전하게 농작물을 공급할 수 있어서 미래농업의 꽃으로 각광받고 있다. 소프트뱅크로부터 무려 2천억 원을 투자받은 미국의 스타트업 플렌티는 사물인터넷을 적용한 벽면 재배 시스템을 개발했는데 식물공장의 벽면에 파이프를 설치하고, 내부에 카메라와 센서 등을 탑재해서 습도와 온도를 자동점검 할 수 있는데 이 시스템을 통해 생산량을 무려 350배까지 늘릴 수 있다. 스마트팜의 발전은 작물의 종류까지 더 다양하게 할 수 있다. 미국 MIT 미디어랩이 연구 중인 일명 푸드 컴퓨터는 식물재배에 필요한 모든 환경요소를 관측 제어할 수 있어서, 각 채소의 미세한 맛과 색감까지 조절할 수 있는데 예를 들어 일본 규슈산 딸기 맛을 내고 싶다면, 일본 규슈 지역과 같은 햇빛, 온도, 대기성분 데이터를 입력해서 식물을 키우는 것이 가능하다.

상용화가 된다면 프랑스 보르도 지방의 포도 맛을 재현한 포도를 세계 어디서나 만들어 먹는 시대도 열릴 수 있을 것이다.

푸드테크,
대체식품 개발시장이 열리고 있다

푸드테크 신성장 영역으로 미래 식량난을 해결할 대체식품 시장이 열리고 있다. 인공 닭고기, 인공 달걀과 마요네즈 등이 이미 미국 슈퍼마켓에서 유통되기 시작했다. 그중 전 세계적으로 콩, 아몬드, 귀리 등을 이용한 식물성 우유가 웰빙 트렌드에 맞춰 인기를 끌고 있다. 식물성 우유는 본래 몸에 유당을 분해하는 락테이스가 없거나 부족한 사람들 즉, 유당불내증을 겪는 사람을 겨냥한 우유 대체품이었으나 전통 우유 시장을 위협할 정도로 성장했다. 시장정보기업 민텔에 따르면 2015년 유제품 판매는 2011년 대비 7%, 2020년에는 11%까지 줄어들 것으로 보인다. 반면 아몬드 우유 시장 규모는 2011년에 비해 2015년에 250% 늘었다.

리플 푸드는 노란색 완두콩으로 식물성 우유 제조에 나섰고, 부드럽고 크림 같은 질감에 농축된 우유 맛을 내는 우유 만들기에 성공했다. 게다가 노란색 완두콩으로 만든 우유는 전통 우유와 비슷한 양의 단백질을 함유하고 있다. 리플 푸드는 지금까지 구글과 실리콘밸리 벤처캐피털로부터 4,400만 달러(한화로 약 497억 6,400만 원)를 투자받았다. 스웨덴의 대체우유 시장의 선두는 오틀리다. 오플리는 귀리를 이용해 대체우유를 만들고 있고 전 세계적으로 수출되고 있을 정도로 빠른 성장세를 보이고 있다.

이러한 대체식품의 세계 트렌드에 맞춰 한국에서 대체식품을 개발하고 있는 회사의 대표주자로 아밀키 주식회사를 꼽을 수 있다. 유제품을 대체하는 식품을 만드는 아밀키는 아몬드밀크, 대체우유 아이스크림 등을 만들며 우유를 마시지 못하는 사람들에게 더 많은 선택권을 제공하고 있다. 아몬드 밀크에 이어 한국 농산물로 만든 대체우유 개발 연구도 진행하고 있다. 이어 곡물로 만든 치즈, 요거트 등을 개발하며 유제품을 대체하고자 하는 노력을 활발하게 진행하고 있다.

이외에도 콩을 활용해 치즈를 개발한 틔움 긴생각과 사과를 활용해 젤라또 등을 개발하는 젤요 등은 대체식품 분야에서 두각을 나타내고 있다. 그동안 곤충을 활용한 제빵기술 등에 치우쳤던 대체식품 개발 스타트업의 연구분야가 다양해지고 있는 것은 상당히 고무적인 부분이다. 소비자들 또한 이들의 도전에 대해 적극적으로 응원해주길 기대해 본다.

외식업에 도입된 공유경제, 크라우드 키친

외식업에 공유경제가 도입되고 있다. '공유주방' '크라우드 키친' 등 신조어들도 등장하고 있다. 외식업이 불황을 겪으면서 원가를 낮추기 위한 다양한 노력을 하고 있다. 무인화의 노력도 있지만 공유주방을 통한 임대료 절감 트렌드가 전 세계적으로 대세다. 우리나라 국민 1인당 음식점 수는 세계 1위, 미국의 7배다. 연간 새로 생기는 음식점은 18만 곳이고 폐업률은 20%대이다. 음식점 창업의 성공확률이 낮은 이유는 경쟁이 치열한 것도 있지만 높은 투자비도 있다. 높은 권리금과 임차료를 내고 수천만 원을 들여 주방설비 등을 갖추고 시작하기 때문에 한번 실패하면 자본손실이 크고 재기하기 어렵다. 이 문제를 해결하기 위해 제시되는 솔루션이 바로 배달을 전문으로 하는 공유주방으로 불리는 공간 서비스이다. 공유주방은 임대료를 공유하는 방식의 장치 이용료를 포함한 낮은 임대료를 원하는 사업자들이 이용할 수 있는 유리한 플랫폼이며, 주방기기도 구매할 필요가 없다. 심플프로젝트 컴퍼니의 '위쿡'은 SBA와 제휴해 공덕동에 공유주방을 운영 중이다. '심플키친'도 이미 역삼동 지점에 9개 기업을 입점을 시켰고, 고스트키친은 논현동에서 주방을 운영하고 있는데 그곳에서 4개 브랜드를 내세워 약 90가지의 음식을 배달하고 있다. 월 이용료만 내고 주방 및 냉장창고를 사용하는 공유주방 서비스는 오픈한 서비스들이 매월 매출이 가파르게 성장하고 있는 추세다.

'클라우드 키친'은 단순히 주방을 공유하는 것을 넘어 배달 플랫폼을 연결하는 개념이다. 우버의 창업주인 트래비스 칼라닉이 미국에 이어 한국에서 클라우드 키친 사업에 진출하고 있다. 이미 여러 번의 사업설명회를 개최해 지방의 프랜차이즈 기업들에게 제안을 마친 상태이다. 클라우드 키친은 주방공간과 조리기구를 갖춰 제공하며, 음식이 완성되면 배달하는 구조인데 국내는 이미 푸드애그리게이터 사업자와 배달대행 사업자의 생태계가 구축되었기 때문에 세계에서 가장 활성화될 수 있다는 전망이다. 국내 음식 배달 시장 규모는 2016년 기준 약 12조 원. 전체 음식업 시장(한화로 약 83조 8,000억 원)의 14.3%를 차지한다. 업계는 2018년 음식 배달 시장 규모가 약 20조 원으로, 그중 4조 원의 매출이 푸드애그리게이터를 통해 창출된 것으로 추산하고 있다. 배달의민족도 배민키친을 운영하며 비슷한 행보를 보여주고 있다. 배민키친을 활용하는 사업자들은 각 지역의 배민키친에 셰프와 스태프를 파견한다. 임차료를 부담해 체인점을 내지 않고도 그 지역의 수요를 맞출 수 있는 방식이다.

소비자 입장에서는 푸드애그리케이터 서비스인 카카오 주문하기, 배달의민족, 요기요 등 일반 모바일 배달주문 서비스와 달라질 것이 없다. 입주 기업 관점에서는 개별 주방 공간, 공용창고, 휴게 공간을 모두 포함해 월 이용료 100~200만 원 사이를 낸다. 보증금은 500~1,000만 원 사이로 형성되고 있고 주방설비도 모두 갖춰져 있어 칼, 도마, 냄비 같은 요리기구 그리고 요리사만 있으면 된다. 따로 창업 시 초기비용이 1억 원 들어간다면 이 비용이 1,000만 원 이하 줄어든다.

크라우드 키친이 활성화되기 위해서는 푸드애그리게이터와 배달대행 플랫폼과 실시간 연동이 가능한 최적화된 소프트웨어 플랫폼이 필요하다. 이 부분도 스타트업들이 2019년 개척해볼 푸드테크의 한 영역이다. 레시피와 브랜드를 개발하는 스타트업과 관련 IT플랫폼을 개발하는 스타트업 간의 멋진 협업을 기대해 본다.

푸드테크, 레스토랑 운영자동화 트렌드의 바람이 불다

푸드테크의 2019년 트렌드는 레스토랑 운영자동화 기술이 주류를 이룰 것으로 예측된다. 현재 퀵 서비스 레스토랑부터 키오스크 중심의 주문 자동화가 진행되고 있다. 현재까지 보급된 형태와 차별화된 차세대 키오스크의 핵심 키워드는 AR과 AI다. 키오스크의 도입으로 인건비는 줄어들고 있지만, 고객의 입장에서는 키오스크 앞에 줄을 서는 현상이 종종 생기기 때문에 이전보다 나은 서비스라고 느끼지 못하는 경우가 있다. 이를 극복하는 기술이 증강현실 기술이다. 키오스크에 부착된 QR코드를 소비자들의 스마트폰으로 인식하면 키오스크의 화면이 그대로 소비자의 스마트폰에 실행이 된다. 이 기술은 QR코드 뿐만 아니라 비콘이나 NFC 형태의 근거리 통신기술로도 구현이 가능하다. QR코드를 인식할 수 있는 곳은 키오스크뿐만 아니라 내점의 테이블에서도 가능하다. 테이블의 QR코드를 스캔하면 역시 그 자리에서 바로 주문을 할 수 있다.

테이블에 QR코드를 부착한다는 것은 테이블 정보의 데이터베이스화를 의미한다. 실시간 주문뿐만 아니라 내점 예약 자동화도 가능해질 전망인데, 이미 내가 원하는 테이블을 지정해 마치 비행기 좌석 예약처럼 테이블을 예약할 수 있다. 일본에서는 이미 이러한 테이블 예약개념에 노쇼를 막기 위한 애플리케이션을 통한 예약금 지불 서비스가 적용되었다. 대기열 관리 또한 증강현실이 도입될 전망이다. 이미 중국에서는 알웨이휘 포스와 연계한 대기열 관리 프로세스가 정착이 되었다. 더 이상 레스토랑 앞에서 줄을 서지 않고 QR코드를 받아 스캔하면 내 앞에 있는 고객 수와 예약 대기 시간을 위챗 메신저를 통해 메시지를 받아 알 수 있다. 우리나라에도 대기열 관리 솔루션 도입이 가속화될 것이라고 예측한다.

AI 기술은 키오스크 상단에 카메라가 부착되고 비전기술을 응용하면서 적용된다. 카메라는 고객의 얼굴을 인식하며 CRM 시스템에서 고객정보를 가져올 수 있다. 키오스크는 바로 고객에게 아바타 비서 서비스의 형태로 고객을 환영하며 과거의 고객 주문 성향에 따른 메뉴를 추천할 수 있다. 결제 또한 안면인식을 통한 간편결제가 가능하다. 항저우의 알리페이 시범매장에서는 이미 키오스크에 안면인식 알리페이 결제가 상용화되어 설치가 되어있다. 현지의 반응은 고객을 인식해 결제까지 편리하고 빠르게 진행되기 때문에 사람이 받는 주문보다 오히려 편리하다는 반응이다.

AI 기술은 푸드테크의 인벤토리 오토메이션을 가능하게 할 전망이다. 인벤토리 오토메이션이란 레스토랑에서 필요한 식자재를 필요한 식수를 예측해서 자동발주하는 개념이다. 필요한 식수예측을 위해 AI가 필요하다. 주문량에 영향을 미치는 요일, 시간, 날씨, 스포츠이벤트 등의 변수를 수집해 과거 데이터를 기반으로 딥러닝 알고리즘을 활용해 학습해 3일에서 7일 후의 주문량을 예측할 수 있다. 예측된 주문량을 기반으로 필요한 식자재를 아이템 별로 예측한다. 식자재를 주문량보다 많이 발주하면 식자재를 버릴 수 있고, 적게 발주하면 매출을 포기해야 하는 상황이 있으므로 이 기술이 상용화된다면 각 레스토랑의 수익률이 개선될 수 있다.

크라우드 키친 분야도 운영 자동화를 위한 푸드 에그리게이터와 배달 대행 플랫폼간의 자동연결 개념이 도입될 수 있으며 자동 주문받기와 라이더 자동배차가 실현되면 1인 외식 창업자들은 조리에만 집중할 수 있다.

스마트팜 시장,
세분화해 공략하라

                       일본의 스마트팜 시장은 정확한 세분화가 되어 다양한 스타트업이 활동하고 있다. 경작 기술 자동화분야와 정밀 농업 기술분야가 양대축을 이루고 농업 관리기술이 그 뒤를 잇는다. 그외에 직거래를 위한 플랫폼과 로봇 분야도 성장세다. 우리나라의 분류는 조금 다르다. IoT를 포함한 스마트팜 구현 기술과 지능형 농작업기 분야가 가장 큰 부분을 차지하고 있고 식물공장 시공분야가 최근 성장하는 추세다. 스마트팜 시장의 세부적인 성장을 위해서는 일본의 분류 방식이 좀 더 현실적으로 보인다. 현재 전 세계적으로도 스마트팜의 가장 큰 시장은 경작기술 자동화와 정밀 농업이 차지하고 있다. IoT 기반의 스마트팜 구현 기술은 아직은 미래 시장이므로 좀 더 현실적인 접근이 필요하다. 내가 2017년 〈나는 농부다〉 심사위원을 할 때, 준우승한 팀은 '짱짱이'라는 팀이었다. '짱짱이'는 비닐하우스에 일일이 해야 하는 매듭을 자동으로 지어주는 간편한 장치로, 분류로 보면 경작기술 자동화에 포함될 수 있다. 짱짱이는 현재 스타트업들에게 스마트팜 사업의 방향성을 제시한 좋은 롤 모델로 꼽는다.

일본 소프트뱅크는 미국 스타크업 식물공장회사 2,260만 달러를 2017년에 투자한 바 있다. 우리 정부도 2022년까지 7,000ha 스마트팜 조성사업을 발표한 바 있다. 시장조사기업 마켓앤드마켓에 따르면 세계 식물공장 시장규모는 2016년에 90억 달러(한화로 약 9조8천억 원)에서 2022년에 184억 달러(한화로 약 20조 원)로 커질 전망이고 스마트팜의 정부사업 또한 농축산식품부, 산자부, 과학기술정통부, 해양수산부 등 범부처 사업으로 확대해 7,000ha로 조성한다고 2018년 청와대에서 발표한 바 있다. 범부처사업인 스마트팜혁신밸리 사업 4개 지역, 약 1조 2,000억 원을 투자할 예정이다. 스마트팜혁신밸리는 스마트팜 규모화·집적화, 청년창업, 기술혁신 등 생산, 교육, 연구 기능을 모두 갖춘 일종의 대단위 종합 산업단지를 말한다. 정부의 8대 혁신성장 과제 중 하나인 스마트팜의 핵심 사업이다. 혁신밸리 사업은 현재 전북 김제시뿐만 아니라 경북 상주시와 충남 태안군, 경기 화성시 등에서 추진 계획 중에 있다.

유럽의 EU H2020, IoF2020 프로젝트는 물리적인 IoT 플랫폼을 기반으로 분석과 센싱 모니터링과 제어 기능을 공유하는 형태로 관련 애플리케이션 개발그룹과 크라우드 기반의 개발환경 제공그룹과 리서치 그룹이 오픈 API 형태로 참여하게 했고, 이를 기반으로 직거래도 가능하도록 지원하고 있다. 이는 다양하게 구현된 유스케이스 레벨을 기반으로 완성된 실제 프로젝트가 진행될 수 있는 형태의 소프트웨어 아키텍처 또한 지원한다. 다양한 기능형 서비스가 지원되므로 스마트팜의 보편화를 가져올 수 있는 플랫폼이 2020년에는 완성도 높은 형태로 공급될 전망이다.

쿨팜은 2015년 스타트업 팀 형태로 만들어져 오스람과 영국 투자청, 마이크로소프트 등의 투자를 받았고 2017년에는 '쿨팜 인스토어'라는 법인이 출범해 300만 유로(한화로 약 36억 원)의 매출을 올렸다. 쿨팜 인스토어 내부 구조물들도 모두 모듈 형태로 설계되어 있다. 최저 30평부터 100평까지 사용자가 필요에 맞게 모듈을 탈부착해 조립할 수 있다. 수경재배, 배양판. 수직이동 리프트, 적하시비법 시스템, 작물 관측 센서, LED 배양광. 무균실 등이 핵심 부품처럼 맞물려 돌아간다. 실제로 쿨팜 인스토어 제품에는 작물의 씨가 배양된 상태로 제공되는 플랜트박스가 장착되어 있다. 여기서 자라난 작물들은 세척할 필요 없이 밑동만 자르면 언제든 고객에게 판매될 수 있도록 만들어져 있다. 다른 수경재배 시스템들은 물이 오염되면 모든 작물들도 피해를 입게 되어 있다. 그러나 쿨팜은 개별 플랜트박스를 조립해 작물을 재배하기 때문에 오염 성분이 확산되는 것을 최소화할 수 있다는 이점이 있다.

'트리앤링크'는 IoT 기술기반의 빅데이터를 활용한 식물재배환경모니터링 시스템과 IoT식물재배기과 시스템을 개발하고 있는 국내 스타트업이다. 특히 카이스트의 자회사로서 카이스트와 오믹시스에서 개발한 기능성채소종자와 글로벌 특허기술인 종자패키징 기술을 응용한 채소육묘 모니터링 시스템 개발에 참여해 특화된 푸드테크 시장과 연계된 식물공장 AI 플렛폼화 사업화를 진행하고 있다.

식자재 유통 스타트업들의
혁신적인 비약

식자재 유통 스타트업들이 새로운 유니콘 후보군으로 떠오르고 있다. 국내 식자재 유통시장은 2016년 기준 130조 원 규모다. 이 가운데 외식기업, 급식기업, 식품가공기업 등에 납품하는 B2B 시장은 47조 원 규모다. 1인 가구와 외식수요 증가로 꾸준히 성장하는 시장이다. 외식, 내식을 아우르는 먹거리 시장의 규모만큼이나 필요한 식자재 공급방식에 있어서 진화한 O2O 비즈니스 모델이 끊임없이 등장하고 있다. 새벽배송을 뛰어넘은 샛별배송으로 스타가 된 모바일 기반 프리미엄식자재 배송서비스인 '마켓컬리'가 최근 총 1,350억 원으로 시리즈D투자를 마쳤다. 식자재 유통분야에서 유니콘 후보로 떠오르고 있는 마켓컬리는 엄선한 상품과 제품 기획부터 참여한 PB 상품 등 독자적인 제품을 큐레이션 커머스를 통해 판매촉진을 시키고 있다. 마켓컬리는 시리즈D 투자유치금을 물류 시스템을 고도화하는 데 사용할 계획이다.

축산 식자재 유통을 타겟팅한 스타트업도 있다. 스타트업 '육그램'은 국내외 IT업계 종사자들로부터 총 30억 원의 시드라운드 투자를 완료했다. 육그램은 이번 투자를 통해 본격적으로 B2B 사업에 진출한다. 육그램은 1근(600g)의 1%를 상징하며 전 세계의 맛있는 고기를 모은 온라인 편집숍을 지향한다. 2018년 퀵서비스 기반 당일 배송 '미트퀵'을 내놓았다. 미트퀵은 "도축 당일 저녁상에"라는 콘셉트로 주목받았고 기존 상품보다 40% 저렴한 정육 직구 서비스 '마장동소도둑단'도 선보였다. 육그램은 AI를 통한 에이징, 채소 생장 기술 등 다양한 기술을 실험적으로 시도하고 있는데, 국회, 충남도청 등과 함께 축산유통과 관련된 블록체인 컨소시엄을 구축하기도 했다. 얼마 전 육그램은 레귤러식스 레스토랑을 파트너들과 협업해 오픈했는데 자사의 식자재를 활용한 메뉴는 물론 로봇협동 및 블록체인 결제의 공간을 선보였다.

농산물시장을 노린 스타트업도 있다. 농산물 직거래 플랫폼 구축 '푸드팡'을 운영하는 리데일영은 식당 식자재는 중매인 직거래로 저렴하게 구매하는 서비스 영역에서 출발했다. 푸드팡 서비스는 기존의 유통구조 혁신을 "온라인 기술로 초연결, 초데이터, 초배달"라는 목표 아래 가파른 성장을 기록하고 있다. 특히 소규모 식당도 식자재 주문과 납품을 한 곳에서 체계적으로 관리할 수 있도록 돕고 농산물 도매시장 중매인이 당일 경매한 신선한 식자재를 중간 과정 없이 직접 전달한다. 암호화폐 시세 변동보다 널뛰는 식자재 시세를 매일 조회하는 기능도 제공한다. 스마트폰 애플리케이션 내에서 매입, 매출 관리 및 누적된 거래 내역을 기반으로 데이터를 분석, 월별 리포트도 제공한다.

농산물 재배단계부터 식자재 유통을 문제를 정의한 스타트업도 있다. '싹틔움'은 농산물 계약재배 O2O 중개 플랫폼이다. "풍년의 역설"이란 말이 있는데 작황이 좋으면 오히려 산지 가격이 떨어져 농가 입장에서는 손해를 입는 상황을 뜻한다. 이 문제는 투명한 계약 재배로 해결할 수 있다. 계약 재배를 하려 해도 정보가 없는 농민들을 위해 온라인 플랫폼과 규범화된 중개 서비스를 제공하고자 하는 것이다. 생산자와 계약자가 온라인 플랫폼에서 쉽고 편하게 생산 및 계약 수요 정보를 등록하거나 검색하고, 현장에서 싹틔움 매니저와 함께 3자 협의 후 전자계약 시스템을 통해 계약을 체결하는 O2O 서비스로 개발되고 있다. 향후 가격이 폭락한 품목을 산지에서 직송하는 '싹틔움 마켓'도 운영할 계획이다.

소상공인을 지원하는 스타트업 서비스들

소상공인들에게 가성비 높은 서비스를 제공하는 스타트업들이 생겨나고 있다. 인건비 등 원가 상승으로 어려움을 겪고 있는 소상공인들에게 원가를 줄이는 지능형 IT 서비스들이 각광을 받으며 관련 시장의 규모도 커지고 있다.

나우버스킹의 '나우웨이팅'은 카카오톡을 기반으로 맛집에 줄을 선 손님들에게 대기 번호를 부여해준다. 고객은 태블릿에 연락처를 남기면 매장 앞에 줄을 서지 않고 대기시간을 자유롭게 활용할 수 있고, 자기 차례에 알림을 받으면 입장을 확인할 수 있다. 매장은 관리자용 태블릿으로 대기명단을 한 눈에 확인하고 간편하게 호출할 수 있다. 확보한 고객 데이터로 포인트 전송이 가능한데 대기 손님이나 방문 빈도가 높은 손님에게 제공할 수 있다.

조이코퍼레이션은 고객상담 메신저인 '채널톡'을 통해서 1만 6,000곳의 메신저 상담을 대행하고 있다. 채널톡은 온라인 직원상담 솔루션으로서, 누구나 손쉽게 웹사이트, 애플리케이션에 실시간 고객 응대가 가능한 채팅서비스를 붙여서 다양한 고객 대응 업무를 처리할 수 있다. 조이코퍼레이션은 소상공인을 위한 CRM 솔루션도 제공하고 있어서, 채널톡 상담 이력을 효율적으로 할 수 있다.

'아드리엘'은 AI를 통한 광고대행 플랫폼으로, 소상공인, 스타트업들을 위한 간편하고 효과적인 광고 대행 서비스를 개발했다. 아드리엘이 개발한 AI 마케팅 에이전트는 소상공인이 몇 가지 질문에 답하고 홈페이지 주소를 입력하면 AI가 알아서 최적화된 광고를 제안하고 페이스북, 인스타그램, 구글 등에서 쉽게 광고를 운영할 수 있게 해준다.

프리코어의 '모바일오븐'은 소프트웨어 개발 지식이 없는 사용자들도 스마트폰을 기반으로 모바일 애플리케이션을 개발하고 관리할 수 있도록 만든 플랫폼이다. 코딩 없이 누구나 쉽게 애플리케이션을 제작할 수 있다. 소상공인들은 모바일 애플리케이션 레시피를 활용해 모바일 애플리케이션을 오븐으로 요리하듯 누구나 쉽게 개발하고 관리할 수 있다. 프리코어는 소상공인을 위한 모바일 애플리케이션 원스톱 솔루션 '온길넷 POP'와 파워 블로거 및 SNS 운영자를 위한 '애플리케이션 자판기' 서비스 제품도 제공 중이다.

혼밥인의 만찬도 소상공인들을 위한 '트루쿠폰 서비스'를 오픈했다. 기존의 외식이 쿠폰 서비스 및 프랜차이즈 기업 중심이었다면 트루쿠폰 서비스는 모든 소상공인들이 쉽게 발행 및 인증할 수 있도록 프로세스 대부분을 자동화시킨 것이 특징이다. 단골들의 재방문 유도를 위해 시작된 트루쿠폰 서비스는 신규고객 유치를 위한 수단으로도 자리를 잡아가고 있다. 이처럼 많은 스타트업들이 소상공인들의 문제를 해결해주고 상생할 수 있는 방안은 물론 제시한 솔루션에서 나오는 부가가치에서 나오는 자신의 성장세도 이어가고 있다.

비건푸드, 푸드테크의 대체식품 개발을 가속화하다

채식주의 음식에 대한 관심도 점점 높아지고 있다. 채식주의는 국내에는 이제 막 알려지기 시작하는 문화지만 정치권에서도 법안으로 제출하겠다는 이야기가 나올 정도로, 사람들의 큰 관심을 받고 있기도 하다. 채식주의자들을 위한 비건푸드는 단순한 음식을 넘어서서 하나의 대체식품으로도 떠오르고 있다. 대체식품 개발은 푸드테크의 가장 뜨거운 분야다. 이미 미국에서는 소의 근육세포를 배양해 식품을 제조하는 '멤파

스나 식물성 우유를 만드는 '무프리', 그리고 식물성 고기를 제조하는 '임파서블 푸드'와 '비욘드 마트' 등이 꾸준히 성장하고 있다. 국내에서도 관련 스타트업이 계속 등장하고 있으며 시장도 가파르게 성장 중이다.

'더브레드블루'는 기본적으로 동물성 재료를 전혀 사용하지 않고 빵을 만드는 비건 베이커리다. 빵뿐만 아니라 마카롱, 아이스크림 등 과자류와 음료까지도 비건으로 만들고 있다. 맛 자체도 경쟁력 있어 꽤나 인기도 있다. 유제품을 사용하지 않고 만들기 때문에 알레르기 환자들에게 적합하며 밀가루 글루텐에 대한 알레르기가 있는 환자들을 위해 밀가루를 사용하지 않는 쌀로만 만드는 제품이 곧 출시될 예정이다. 단맛은 비정제 유기농 사탕수수와 에리스리톨을 사용하고 있고 모든 제품은 화학첨가물이나 방부제, GMO 제품을 전혀 사용하지 않는다. 2019년에는 매출 20억 원을 바라보고 있고 2020년에는 50억 원 이상을 예상한다.

지구인마켓은 식물성 고기 '언리미트'를 출시했다. 언리미트는 현미, 귀리, 견과류 등을 재료로 하고, 단백질 성형 압출 기술을 통해 고기의 식감과 질감을 구현한 것이 특징이다. 특히 햄버거 패티로 주로 사용되는 임파서블 푸드, 비욘드 미트와 같은 미국 대체 육류와 달리 콩단백을 쓰지 않으면서 고기와 유사한 맛을 낸다는 점이 특징이다. 또한, 곡물과 견과류를 기본으로 한 언리미트의 대체육은 일반고기보다 단백질 함량이 2배 이상 높고 칼로리는 낮다. 트랜스지방이나 콜레스테롤도 없어서 영양학적 가치도 높다. 형태도 햄버거 패티 형태가 아닌 얇게 저며진 형태라, 불고기, 육전 등 우리나라 사람들이 즐기는 한식에도 활용할 수 있다. 현재 불고기같이 양념을 가미한 육류 요리에 사용할 수 있는 '곡물 언리미트'와 직화구이가 가능한 '언리미트', '언리미트 만두' 2종, 갈비맛, 김치맛을 출시했다.

더플래닛는 식물성 대체식품, 원재료를 대체하는 전자상거래인 '잇츠베러'를 운영 중이다. 더플랜닛은 노른자 대체 원료에 대한 연구개발부터 시작해, 대체 노른자를 활용한 마요네즈, 크래커를 출시했다. 더플래닛 또한 매출이 지속적으로 상승중인데 비건 시장의 활성화뿐만 아니라 식습관이 서구화되면서 식물에서만 추출할 수 있는 영양분을 보충해야 하는 시장도 지속적으로 늘어나기 때문이다. 실제 식물성 대체식품은 다이어트, 당뇨, 고혈압 등 환자들에게 인기가 많다.

식물성 대체식품이 육류, 계란 등을 대체하는 사업인 만큼 더 활성화되었을 때, 기존 축산 농가의 반발도 있을 수 있다. 아직은 규모의 경제에 이르지 못했고 일반 식품보다 비싸기 때문에 아직 시장에서 기존 축산 농가를 위협할 수준은 아니다. 하지만 장기적으로는 관련 대책은 필요해 보인다. 돼지열병, 살충제 계란, 조류독감 이슈 등으로 최근 식물성 대체식품에 대한 관심은 더 커지고 있다. 더 많은 스타트업들이 대체식품 시장에서 혁신을 만들어주길 기대한다.

부록

한국 스타트업이
갈 길과 경쟁우위

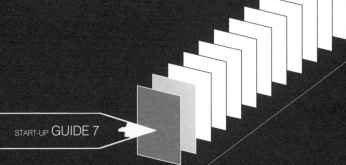

START-UP GUIDE 7

미래 IT 융합예술분야에서
기술창업의 기회를 잡아라

드론, 로봇 같은 첨단기술은 예술의 영역에도 변화를 가져오고 있다. 각종 영화나 드라마의 컴퓨터 그래픽과 이를 넘어선 3D 효과기술 분야는 많은 스타트업을 만들어내며 하나의 새로운 시장을 형성했다. IT기술과 결합한 미래 예술은 비단 영상뿐만이 아닐 것이다. 이번엔 그 시장에 대해 다뤄보도록 하겠다.

2017년 2월, 1억 명의 시청자가 지켜본 미국 슈퍼볼 경기에는 밤하늘을 수놓은 수백 개의 별이 등장했는데, 이 별은 다름 아닌 300대의 드론이었다. LED를 장착한 드론들은 밤하늘에 갖가지 색상을 펼쳐내며, 환상적인 퍼포먼스를 선보였는데 이 퍼포먼스를 지휘 통제한 것은 단 1대의 중앙컴퓨터였다. 1대의 컴퓨터가 드론 300대를 동시에 통제할 수 있게 한 기술은 각종 센서 기술과 드론 동시제어 기술인데, 센서가 인지할 수 있는 영역이 확대되고 동시제어 또한 그 성능이 발전되기 때문에 이제 드론쇼는 미래 예술의 한 장르가 되었다. 중국의 드론 기업 '이항'도 자사의 드론으로 공중 퍼포먼스를 선보였는데 밤하늘에 영화 〈트랜스포머〉의 주인공, 옵티머스 프라임의 모습이 새겨지는 광경을 연출해 큰 화제가 되었다.

드론과 함께 미래 예술의 영역을 넓히는 또 하나의 축은 로봇이다. 유명 성악가 안드레아 보첼리와 오케스트라의 협연에서, 사람이 아닌 스위스 기업이 만든 로봇이 지휘를 맡은 적이 있었다. 로봇의 유연하고 부드러운 동작은 전문 지휘자와 비교해도 뒤떨어지지 않았다. 실제 지휘자의 움직임을 비전기술을 통해 학습시킨 후 로봇 팔 등의 출력을 통해 지휘를 진행했기 때문이다. 조만간 지휘자뿐만 아니라 연주자까지 모두 로봇으로 구성된 음악공연도 가능하리라 기대된다. 로봇은 무용의 주역으로 활약하기도 한다. 대만의 예술가 '황이'는 산업용 로봇 '쿠카'와 함께 멋진 무용 공연을 펼쳤다. 몸짓으로 소통하고 교감하는 둘의 모습에서 인간과 로봇이 공존하게 될 미래를 상상하는 사람들도 많았다.

홀로그램과 가상현실 등을 활용한 공연은 사실 이미 우리 일상에서 흔하다. 환상적인 시각효과와 함께, 시공간을 넘어 관객과 무대의 벽을 허무는 새로운 예술 장르를 만들어내고 있다. 기존의 이벤트 연출시장보다 고가의 가격대를 형성해 이를 미리 기술을 선점한 스타트업들의 먹거리로 자리 잡고 있다.

또한 3D 프린터 기술을 활용해 17세기의 예술 작품을 그대로 재현하거나 이를 응용해 새로운 작품을 만들어 내는 시도도 이뤄지고 있다. 3D 프린터로 만든 제품은 즉시 상용화하기는 어려울지 몰라도, 예술 작품이나 장난감 시장으로의 접근은 충분히 가능하다. 이미 여러 스타트업이 3D 프린터를 이용해 연예인이나 유명인들의 캐리커처를 만들어 엔터테인먼트 시장을 나름 개척해 나가고 있다.

K-Pop 등의 한류가 얼마나 큰 시장을 만들어 냈는지 우리는 이미 목격했고, 또 계속 체험하고 있다. 여기에 미래의 기술까지 접목된다면, 예술 콘텐츠 시장은 다시 한번 새롭게 확장될 것이다. 그리고 이것이 미래의 스타트업 기업들을 위한 먹거리임은 확실하다.

사회적 약자들을 위한
ICT 기술을 활용한 창업기회

사회적 약자들을 위한 기술은 사회가 선진화될수록 더욱더 큰 가치를 발휘한다. 관련된 기술창업 역시 스타트업의 조직원들을 강한 비전으로 묶어, 더 큰 힘을 발휘하기도 한다. 국내 스타트업 '올리브 유니온'은 높은 가격대의 보청기 시장의 문제 해결과 사회적 인식 개선을 목표로, 지난 2016년 설립되었다. 올리브 유니온이 선보인 제품은 독자적인 사운드 알고리즘과 블루투스 기술을 가지고 있었고, 가격도 기존 보청기의 수십 분의 1로 줄인 것이었다. 그 결과 해외 크라우드펀딩을 통해 목표금액의 2,300%를 달성하는 관심을 받았다. CES 2018에서도 국내 중소 스타트업들이 관련 분야에서 독특한 신기술과 제품으로 두각을 나타냈다. 뇌파를 활용한 VR 헤드셋, 환자들을 위한 신개념의 의료 솔루션, AI 서비스 등이 좋은 반응을 얻었다.

시각장애인들의 이야기를 담은 단편 영화 〈두 개의 빛: 릴루미노〉에서 등장하는 릴루미노는, 삼성전자의 시각장애인을 위한 시각보조 솔루션이다. 시각장애인들은 이를 통해 실행하면 왜곡되고 뿌옇게 보이던 사물을 뚜렷하게 볼 수 있다. 시각장애인 피아니스트 노영서는 릴루미노를 활용한 연습을 거듭한 덕분에 성공적인 독주회를 마치기도 했다. 마이크로소프트가 출시한 애플리케이션 '씨잉' 역시 시각장애인의 희망이 되고 있다. 이 애플리케이션은 AI를 통해 카메라로 보이는 사물은 물론 사람의 얼굴을 구별하고 연령대와 기분상태까지 음성으로 알려준다.

시각장애인들의 문자인 점자가 아닌, 일반 글씨 문자를 인식하고 읽어주는 획기적인 제품도 등장했다. 이스라엘 스타트업이 개발한 '오알캠'은 안경에 부착해 쓰는 솔루션이다. 읽고 싶은 글씨에 손을 가져다 대면 손의 움직임을 포착해서 글씨를 읽어준다. 신문이나, 식당 메뉴판 등의 글자 인식은 물론이고 사람의 얼굴도 미리 입력해둔다면 판별할 수 있게 해준다. 청각장애인들을 위한 첨단 수화

로봇도 등장했다. 3D 프린터로 만든 이 수화로봇은 로봇손을 움직이거나 음성이나 메시지를 해석해 수화로 표현할 수 있다. 의학이 해결하지 못한 장애의 불편함을 IT기술이 해소해 주고 있고 사회적 가치 실현은 물론, 새로운 시장까지 만들어내고 있다.

신체장애의 불편함을 덜어줄 새로운 웨어러블 기기도 시장을 만들어 가고 있다. '엠마와치'는 파킨슨병 환자들의 손떨림을 줄여주는 손목시계형 장치다. 근육의 떨림과 반대 방향으로 진동을 일으켜, 손떨림을 상쇄 시키는 원리다. 기기를 착용하지 않았을 때 쓴 글씨와 착용 후에 쓴 글씨를 보면, 그 차이가 확연하다. 이 제품은 파킨슨병을 앓는 친구를 위해 마이크로소프트의 개발자가 직접 개발한 것으로 알려져 감동을 주기도 했다. '피닉스'는 미국의 한 스타트업이 개발한 의료용 보행로봇이다. 하반신 마비로 10년 동안 휠체어에 의지했던 청년은 피닉스의 도움을 받아 걷고, 가벼운 산책도 즐길 수 있었다. 피닉스는 한번의 충전으로 4시간 동안 작동한다.

사회적 약자들을 위한 기술 창업은 어떠한 회사의 비전보다도 빛날 수 있다. 주변의 약자들의 문제를 발견했을 때 절대로 그냥 지나치지 말라. 그들을 도우려는 따뜻한 마음이 창업의 기회를 가져다 주기도 한다.

디자인 혁신만으로도
창업은 가능하다

국제적인 디자인 행사인 '지속가능한 휴먼시티 디자인 콘퍼런스'가 2018년 9월에 동대문디자인플라자에서 열렸다. 디자인을 중심으로, '평범한 삶의 무대'라는 관점에서 도시에서의 일상의 행복을 추구하는 환경에 대한 주제를 다뤘다. 지혜로운 디자인을 지향하는 디자인 전문가들이 모여 각 도시의 현재 이슈와 성공 사례를 공유했다. 영국 런던, 프랑스 생테티엔, 일본 나고야, 중국 베이징 등에서 온 디자인 전문가가 강연을 이어나갔다. 이 강연에서 인기를 끌은 것은 디자인과 창업을 연결시킨 강연이었다.

연사 중 한 명이었던 통 웨이는 디디추싱의 국제비즈니스 전문가이자 국제협력 및 정책연구 책임자다. 그는 중국의 대표적인 스타트업인 디디가 디자인적 관점에서 도시와 융합해 큰 혁신을 만들어냈다는 점에 관해 설명했다. UN의 개발계획과 파트너십을 맺은 디디추싱은 장애물 없는 도시 프로젝트를 지향하고 있다. 그 시작으로, 베이징에서 기사를 포함한 자동차 서비스인 케어링 프리미어를 출시했다. 케어링 프리미어는 디디의 널찍한 다목적 자동차 내에 휠체어가 쉽게 접근할 수 있도록, 조정식 좌석과 페달을 낮추는 견인장치를 설치하는 등의 서비스를 제공하는 것이다.

또 다른 연사였던 프랑크 판 한젤트는 EU에서 가장 큰 연구이자 혁신 프로그램인 '호라이즌 2020'의 고문이다. 그는 공작소, 스튜디오, 작업실 등이 있는 이스트 런던의 '메이커 마일'을 소개했다. 이스트 런던에는 런던의 가장 오래된 우산 공장이 있기도 할 만큼, 수공예 장인들을 중심으로 한 산업들이 발전해왔다. 그러면서 현재 이스트 런던의 또 다른 한편에는 첨단기술 관련 회사 및 스타트업들을 찾아볼 수 있기도 하다. 메이커 마일은 이렇듯 전통 장인들과 새로운 메이커들을 한데 모아 지역발전에 도움이 되는 긍정적인 브랜드를 만들려는 노력으로부터 시작되었다. 이때부터 기술과 지역사회에 대한 회의가 개최되었고, 런던 디자인 페스티벌 중 첫 번째 '오픈 마일'을 열기도 했다. 오픈 마일은 하루 저녁 동안 메이커 마일에 있는 12개 공간을 대중에게 문을 열고 그들의 제작 현장을 공개하는 것이었고, 이후 메이커 마일은 60개 이상의 조직체로 구성된 네트워크로 성장하며 디자인 스타트업의 메카가 되었다.

국내 스타트업 '이디연' 또한 디자인 혁신을 기반으로 한 스타트업이다. 이디연은 '이연택 디자인 연구소'의 약자로, 산업디자인 역량을 성장의 원천으로 삼고 있다. 그들이 선보인 디자인 혁신 중 하나는 빈 병을 활용한 블루투스 스피커인 '코르크 스피커'다. 기능보다는 빈 병과의 조화로운 디자인이 매력인 제품으로, 국내뿐만 아니라 일본, 남미에서도 좋은 수출 실적을 올리고 있다.

2019년 5G 시대에
노려볼 만한 스타트업 먹거리

2019년에 5G 시대가 본격
개막했다. 우리나라는 2018년 12월 1일 세계 최초 5G 전파 송출을
시작으로 5G 상용화에 힘을 가하고 있다. 초광대역, 초저지연, 초연
결, 이 3가지로 요약되는 5G는 그 최대 전송 속도가 20Gbps로,
4G LTE보다 최대 20배 빠르고, 지연 속도는 1ms로 LTE 대비 100
분의 1에 불과하다. 영화 한 편을 다운로드받는데 몇 초밖에 안 걸
리는, 5G 시대는 우리나라뿐만 아니라 전 세계적으로 동시다발적
으로 시작될 것이다. 미국에서도 AT&T, 버라이즌, 티모바일, 스프
린트 등 주요 이동통신사들은 모두 2019년에 5G 서비스를 시작했
다. 삼성전자와 LG는 모두 5G 스마트폰을 선보였지만, 애플은
2020년 초 현재 아직까지 소식이 없다.

5G가 상용화되면, 우선 VR, AR이 우리 일상 속으로 들어올 것이
다. 한국의 이동통신 3사는 VR, AR 기술을 활용한 실감형 미디어
서비스를 앞 다투어 출시하고 있다. 축구선수 손흥민이 출연한 VR
광고처럼 VR과 AR이 5G 상용화 초기 고객의 눈을 붙잡을 킬러콘
텐츠가 될 것으로 주목받기 때문이다. 이동통신 3사는 영화와 예
능 콘텐츠를 360도로 즐길 수 있는 VR 영상, 가상공간에서 동영
상을 띄워 친구와 함께 보는 소셜 영상, 스포츠 경기 VR 생중계 등
고객 취향을 저격하는 서비스 등을 선보이며 5G 시대에 우위를 점

하겠다는 의지를 보여주고 있다. 통신사 자체 콘텐츠 외에 게임, 커뮤니티 등 외부 콘텐츠 기업과 협력해 제로 레이팅 서비스 제공을 본격화할 것으로 전망된다.

e스포츠 시장은 그중 가장 핫한 투자 분야 중 하나이며, e스포츠 종주국인 우리나라가 큰 가능성을 지닌 분야다. e스포츠에 VR 기술을 접목해 VR 리그라는 새로운 e스포츠 경기 분야가 만들어지는 것도 주목해 볼 만하다. 다양한 VR, AR 스타트업도 비즈니스 모델 실현에 좋은 기회가 될 것임은 분명하고, 시간과 장소에 구애받지 않고 VR, AR 콘텐츠를 소비할 수 있는 시대가 올 것이다. 다만, 통신료에 대한 문제는 아직 남아 있다.

두 번째로 IoT의 활용폭이 더 커질 것이다. 이는 IoT 기반의 스마트홈, 스마트 헬스케어, 스마트팩토리 등의 활용성을 높인다. SK텔레콤은 5G가 바꾸어 놓을 IoT 기반의 '미래형 공장'의 특화 솔루션을 대거 공개하고 5G 네트워크, 데이터 분석 플랫폼 및 단말기 등을 함께 올인원 패키지로 제공하는 '5G 스마트공장 확산 전략'을 발표했다. 공장 자동화에 5G를 적극 활용하겠다는 계획인데, IoT 기반의 정보를 빠른 속도의 인프라 안에서 실시간 제로 레이팅으로 이벤트를 관리해 나갈 수 있다면 좋은 성공 사례가 될 수 있다. 이러한 시도는 IoT 스타트업들도 충분히 벤치마킹해 나갈 수 있다. 스마트홈, 스마트 헬스케어, 스마트팩토리는 각각 다양한 세부 시장으로 나누어지고 세부 시장별로 경험치가 필요한 시장이므로, 스타트업들이 먼저 경험치를 획득한다면 충분히 기회를 도모할 수 있다.

세 번째로 로봇, 자율주행 차량 분야다. 이 두 분야는 제로 레이팅이 가장 절실한 분야다. 5G 인프라가 안정되면 충분히 상용화에 대한 다양한 실험을 해나갈 수 있다. 자율주행 차량, 로봇제어 등은 금방 상용화된다고는 보기 어렵지만 제대로 된 실험을 시작하면서 스타트업들이 미래를 준비할 수 있는 R&D 투자가 본격화 될 것이라고 예측한다.

네 번째로 5G 전용 스마트폰의 개선되는 모바일 애플리케이션 사용성을 체크해 볼 필요가 있다. 삼성전자와 LG가 출시할 5G 스마트폰의 빠른 속도가 어떤 애플리케이션에 유효할지, 또 애플리케이션들에 어떤 기능을 담아야 기회가 될 것인지를 스타트업 입장에서 남들보다 먼저 탐구하고 실험해볼 필요가 있다.

관찰에 대한 관점을 달리하면 창업의 방향이 보인다

시장의 문제를 정의하는 것이 창업 아이디어의 발굴이기 때문에 창업가들에게 시장의 문제를 직시할 수 있는 직관을 갖는 일은 매우 중요하다. 일반적으로 직관은 경험의 누적을 통해 나오지만, 또 하나 필요한 것은 관찰하는 습관이다. 관찰은 관점을 달리하며 현상을 정리해 나갈 때 효과적인데 창업 아이디어 발굴을 위해서는 관찰에 대한 관점을 달리하는 꾸준한 연습이 필요하다. 창업가들이 가져야 할 관찰에 대한 두 개의 전시회를 소개하고자 한다. 창업을 준비하는 사람들은 평소에도 전시회에 많은 관심을 두길 바란다.

과학기술정보통신부 산하의 국립과천과학관 중앙홀 2층에서는 '과학의 실패'라는 전시회가 열렸다. '천문학' '화학' '현대의 원자설'을 주제로 한 이 전시회는 각 분야(천문학, 화학, 원자설)에서 대립되는 두 과학의 발전 과정을 보여주었다. 대립되는 두 과학의 차이는 관찰의 관점차이다. 전시회에는 지동설과 천동설에 대한 비교 모형이 있는데 관찰 기록의 관점을 달리한 두 개의 이론을 쉽게 비교할 수 있도록 도와주고 관점의 변화가 얼마나 중요한지 과학을 통해 깨닫게 해준다. '과학의 실패'는 자연의 진리를 밝히고 잘못을 바로잡는 비가역적 측면만 이야기하는 것은 과학의 단면만 보고자 하는 것임을 강조하며, 다양한 관점의 관찰의 여러 과학적 사례를 보여준다. 과학의 본질은 기존의 과학과 새로운 과학이 충돌하는 과정에서 보다 논리적이고 보편적 진리에 가까운 결과물을 도출해내는 과정이고, 또 이미 형성된 관념과 편견을 이겨내는 과정인데 이는 창업에 있어서 시장에 제시하는 솔루션을 발전시키는 과정과도 유사하다. 과학 탐구의 목적은 지식의 틀 안에서 대안적인 이론을 제시하는 것에 그치지 않고, 지식을 끊임없이 되살피고 새롭게 제시하는 능력을 배양하는 것이다. 창업 또한 끊임없이 문제를 새롭게 정의하며 연속적 대안을 만들어가는 과정이므로 전시회를 통해 창업가들이 문제해결에 대한 관점에 대해 다시 한번 생각해보기를 바란다.

두 번째 전시는 카르노브스키 디자인 그룹의 '와일드 와일드 월드 Wild Wild World'다. 이 전시회에서는 유전공학과 조류학에 관심을 갖고 있던 디자인 예술사 전공자들이 만들어낸 새로운 예술적 실험을 볼 수가 있다. 인류의 도전정신이 충만하던 16~18세기 대항해시대의 판화 이미지를 활용해 현시대에 다시 도전의 정신을 상기시키려는 작가들의 의도가 창조적인 기법으로 펼쳐진다. 대항해시대에 대한 작가들의 관찰과 해석은 인쇄와 조명의 결합을 통해 큰 비용을 들이지 않으면서 새로운 예술 분야를 창조할 수 있음도 보여준다. 카르노브스키는 삼원색 RGB를 사용한 강렬한 그래픽 이미지를 조명과 결합해 '표면의 깊이'를 주제로 실험해오고 있는데 자연광에서 볼 수 있는 3가지 색 레이어가 겹쳐진 이미지는 그 자체로도 매력적이지만 각각의 색 필터를 사용하면 표면적으로 드러나지 않았던 본질적이고 미스터리한 스토리를 드러나게 한다. 빨강에서 녹색, 파란색으로 필터를 바꾸면 가장 표면에서 직접적으로 보이던 이미지에서 보이지 않는 감춰진 이미지로 변화하고 색 레이어 별로 스토리를 담는 다양한 결과물이 보여진다. 카르노브스키는 세상을 향한 왕성한 호기심을 바탕으로 인간, 동물, 식물, 풍경 등 세계의 자연을 주제 삼아 과학과 예술이 결합된 이미지를 보여주고 있는데, 이 역시 관점을 달리한 관찰의 힘을 확인할 수 있는 좋은 사례.

상장사들이 적극적으로
초기 스타트업 벤처에 투자하려면

          정부에서도 벤처, 창업기업이 국가 경쟁력의 핵심요인이라는 점을 인식하고, 신산업, 고기술 스타트업 발굴 및 벤처투자에 대한 적극적인 지원에 나서고 있다. 2019년 3월에 '제2벤처 붐 확산 전략 보고회'에서 문재인 대통령은 벤처기업인들과 만남을 갖고 "벤처가 성장하고 도약하는 나라를 만들고자 한다"면서 "벤처 붐을 위한 제도 개선 및 인센티브를 대폭 확대하겠다"고 밝혔다.

또한, 문재인 정부는 신규 벤처투자를 2022년까지 연 5조 원 규모로 달성하고, 향후 4년간 12조 원 규모의 스케일업 전용펀드를 조성해 2020년까지 유니콘 기업을 20개로 늘리겠다는 계획을 밝혔다. 이밖에도 엔젤투자 유치 시 투자금액의 2배까지 완전 보증하는 특례보증 100억 원 신설, 2천억 원 규모의 엔젤 세컨더리 전용펀드 신규 조성, 스타트업의 규제 샌드박스 활용 확대 등 다양한 지원계획을 발표했다. 이와 같이 2019년을 기점으로 스타트업 창업 및 벤처투자에 대한 정부의 적극적인 지원이 이뤄질 것으로 보여 액셀레이터의 활동 범위와 역할도 더욱 커질 전망이다.

이러한 환경에서 앞으로 엑셀러레이터는 더 늘어날 전망이다. 하지만 양적인 증가보다 질적인 증가가 필요하다. 상장되어 있는 자본력 있는 벤처기업들은 훌륭한 엑셀러레이터들의 후보군들이다. 하지만 현재 상장기업들은 '신금융상품기준(K-IFRS 1109호, 2018년 1월 1일부터 전면 시행) 비시장성 자산평가의 적정성'에 기반한 회계기준으로 초기기업에 투자하기 어려운 환경에 놓여있다.

금융감독원 회계기획감리실은 2019년 재무제표 중점 점검 분야로 '신수익 기준서 적용의 적정성' '신금융상품기준 공정가치 측정의 적정성' '비시장성 자산평가의 적정성' '무형자산 인식 및 평가의 적정성' 등 4가지 주제를 선정했다. 이중 '외부평가기관에 의한 비시장성 자산평가의 적정성'에 있어서 금융감독원은 거래 상황에 적합하며, 관측 가능한 투입변수를 최대한 사용 할 수 있는 평가기법 적용을 권고했는데, 실제 회계업계에서는 통상적으로 회계법인의 DCF 평가를 받도록 권고하고 있다. 신용평가사를 통한 공정가치 평가는 건당 500만 원 전후로 부담하지만, 회계법인을 통한 DCF 평가는 건당 1,000만 원을 상회하기 때문에 소액으로 여러 스타트업에 투자하는 엑셀러레이터 같은 경우 매년 말 평가비용에 대한 부담이 크게 다가온다. 더욱이 투자회사가 비상장주식을 일정 부분만 보유한 상황에서 공정가치 평가를 위해 사업계획 등을 매번 입수하는 것도 현실적으로 어려운 부분이 있다.

이러한 이유로 스타트업에 투자한 상장 기업을 위한 별도의 공정가치 평가 가이드라인이 필요해 보인다. 실제로 2019년 1월, 금융위원회가 '비상장주식 등 비시장성 자산 평가에 대한 가이드라인 제정 계획'을 발표한 바 있다. 삼성바이오로직스 사태를 겪으며 공정가치 평가 기준과 관련해 금융당국, 회계업계, 기업 간 감사 과정에서

K-IFRS에 대한 해석이 엇갈리면서 논란이 이어져 왔고, K-IFRS 1109호가 전면 시행되면서 이에 대한 기준을 명확히 하는 과정으로 보인다.

금융위원회는 2019년 1분기 감사 때부터 적용할 수 있도록 이르면 3월 내, 늦어도 연내에 가이드라인을 제정할 것이라고 밝힌 바 있는데, 해당 가이드라인에 스타트업 등 초기 기업 육성을 위해 투자한 투자기업을 위한 특례 반영이 된다면 상장사들의 스타트업 투자는 활성화될 수 있다. 예를 들어 업력 3년, 투자금액 1억 이내 스타트업 투자 주식에 대한 자산평가에 대해서 '원가법을 적용한다' 등의 기준이 가이드라인에 반영된다면 상장기업들의 스타트업 투자 관심도는 매우 높아질 수 있다.

에어아시아도 18년 전 스타트업이었다

재벌들만이 사업할 수 있다고 생각되는 항공비즈니스 분야는 사실, 해외에서는 스타트업으로 시작되곤 한다. 글로벌 저가항공사인 말레이시아의 에어아시아도 18년 전 스타트업이었다. 토니 페르난데스는 30대 중반 나이에 워너뮤직 부사장 자리까지 오르며 성공 가도를 달렸지만 AOL과 타임워너의 합병에 반대해 사직서를 냈다. 토니가 선택한 길은 스타트업 창업이었다. 영국에서 저비용항공사 이지젯과 라이언에어의 성공을 지켜봤던 그는 아시아에서도 같은 사업을 하면 승산이 있을 것이라 생각해, 2001년 토니는 부채 120억 원을 짊어지고 있는 에어아시아를 1링깃(한화로 약 280원)에 인수했다. 에어아시아는 사실상 280원으로 2001년 시작한 스타트업이었다. 토니는 온라인 판매 전략을 중심으로 비용을 최대한 줄이면서 수익성 높은 노선에 집중하는 전략으로 창업 2년 만에 흑자 전환에 성공했다. 현재 에어아시아의 항공기는 230여 대, 직원은 2만여 명에 달한다.

2019년 3월, 국토교통부는 플라이강원, 에어프레미아, 에어로케이 등 3개 항공사에 신규 국제항공 운송사업 면허를 발급한다고 밝혔다. 이 3개 사는 향후 1년 이내에 운항증명을 신청해야 하며 2년 이내에 취항 노선허가를 받아야 한다. 또한, 면허심사 시 제출했던 사업계획대로 거점공항을 최소 3년 이상 유지할 의무가 부여된다. 플라이강원은 자본금 378억 원으로 2022년까지 항공기 9대(B737-800)를 도입할 예정이다. 양양공항을 기반으로 중국, 일본, 필리핀 등의 25개 노선 취항을 계획하고 있다. 특히 국내외 44개 여행사와 여객모집 파트너십을 통해 강원도로 외국인 관광객을 유치해 수요를 확보하겠다는 전략이 눈에 띈다. 에어프레미아는 2022년까지 항공기 7대(B787-900)를 도입할 계획으로 인천공항 기반 미국, 캐나다, 베트남 등 중장거리 중심의 9개 노선 취항을 계획하고 있다. 마지막으로 에어로케이는 청주공항을 기점으로 하는데, 에어로케이 홈페이지에는 다음과 같은 대표이사 인사말이 적혀있다.

"2015년 카페에 앉아 항공사를 창업해 보겠다는 무모한 꿈을 꾸고 이를 실현하기까지 4년이 넘는 시간이 걸렸습니다. 대한민국에서 유례없는 '스타트업 항공사'를 설립하겠다는 일념 하나로 에어로케이의 가족들과 함께 걸어온 지난 4년의 시간은 저의 무모한 꿈이 현실로 바뀔 수 있다는 믿음을 가져다주기에 충분했습니다."

항공사도 스타트업이 될 수 있다는 사실이 참 놀랍다. 에어로케이항공은 2022년까지 항공기 6대(A320급) 도입계획으로 청주공항을 기반으로 일본, 중국, 베트남 등의 11개 노선 취항을 계획하고 있다. 특히 저렴한 운임 및 신규노선 취항 등을 통해 충청도, 경기도 남부의 여행수요를 흡수해 수요를 확보하겠다는 계획이다.

면허를 발급받는 3개사는 또한, 2019년에 400명, 오는 2022년까지 2,000명을 신규채용할 예정으로, 청년들이 선호하는 양질의 항공 일자리 창출효과도 기대된다. 하지만 더 희망적인 것은 서울에 집중되어 있는 외국인 관광 인프라가 지방까지 확대될 수 있는 하나의 모멘텀이 될 수 있다는 것이다. 한국과 일본 간 외국인 관광 유치의 가장 큰 차이점은 한국은 서울 집중, 일본은 지역 분산이라는 것이다. 일본은 도시, 지방 할 것 없이 외국인들이 방문하는 관광지가 다채롭다. 특히 벚꽃이 만개한 시즌에는 일본 전역에 외국인들이 가득하다. 반면 한국은 서울 혹은 부산이나 제주에만 집중되어 있는 모습이다. 지역마다 다채로운 관광코스를 가진 일본에 비해, 한국은 외국인들의 재방문하는 비율이 낮다.

다행히도, 이번에 신규 라이센스를 받은 항공사 중에 항공사 2곳이 지방에 거점을 두었다. 에어로케이는 대전 충청지역의 외국인 관광유치에 분명 큰 역할을 할 것이다. 플라이강원은 평창동계올림픽 이후 생각보다 미비했던 강원도의 외국인 방문을 활성화 시킬 촉매제가 될 것이다. 인천공항에서 강원도까지의 접근은 외국인들에게는 상당히 어렵다. 하지만 양양공항이 활성화된다면 강원도의 다양한 관광자원들, 특히 스키리조트들은 동남아 관광객들로부터 큰 호응을 얻을 수 있다.

친환경 소재 스타트업들이 뜨고 있다

친환경을 넘어 필^必환경의 시대가 되면서, 플라스틱 소재를 줄이기 위한 다양한 시도가 이뤄지고 있다. 자원 낭비와 환경오염 문제를 해결할 수 있는 친환경 소재개발 및 포장재 스타트업들은 새로운 산업으로 떠오르고 있다. 이미 유럽 친환경 스타트업들은 혁신기술과 참신한 아이디어로 시장 진입과 투자유치에 성공하고 있다. 어디서나 구하기 쉬운 자재를 이용해 대체재를 개발하고 기존 제조시설에서 생산함으로써 신규설비 투자비용을 절감하는 방식이 보편적이다.

유럽의 플라스틱 사용 감소 정책은 대기업의 비즈니스모델뿐 아니라 소비자 행동 및 인식 변화에 영향을 미쳐 플라스틱 대체소재에 대한 수요 증가를 가져왔다. 유럽에서 100% 생분해는 물론, 생산비용도 획기적으로 절감시켜주는 플라스틱 대체재 스타트업들이 지속적으로 등장하고 있다. EU은 2030년까지 플라스틱 재활용을 지금의 4배로 늘리고 20만 개의 관련 일자리를 창출할 계획이고, R&D 전략인 호라이즌 2020을 통해 재활용 플라스틱 및 신소재 개발에 1억 유로를 지원할 예정이다.

영국의 스타트업인 '쉘웍스'는 버려지는 갑각류의 껍질을 사용해 생분해 및 재활용 가능한 바이오 플라스틱을 만드는 기술을 개발한 곳이다. 제조 공정은 간단하다. 우선 랍스터와 게, 새우, 가재 등 갑각류 껍질을 잘게 부숴 '키틴'이라는 물질을 추출한다. 이어 식초를 섞어 녹인 다음 플라스틱의 원료를 만들어 열과 바람을 이용해 가공하면 바이오 플라스틱이 완성된다. 키틴과 식초, 두 가지 재료로만 제조하고 화학첨가물도 사용되지 않아 퇴비로 재사용할 수도 있다. 키틴은 갑각류의 외골격과 곰팡이의 세포벽을 구성하는 섬유성 물질이다. 키틴은 지구상에서 생산되는 바이오 물질 중에서 식물의 세포벽을 이루는 셀룰로오스 다음으로 흔해 재료 수급이 용이하다.

영국의 스키핑록스랩, 벨기에의 두잇 등은 감자, 해조류 등을 활용해 100% 생분해는 물론 식용까지 가능한 저가 포장재와 그릇을 개발했다. 폴란드의 바이오트렘 또한 밀기울 1t으로 1만 개의 그릇을 만들 수 있는 기술력을 보여줬다. 프랑스의 락팁스, 핀란드의 술

라팍, 폴란드의 팝틱은 나무칩, 목재섬유, 우유의 카제인 등 기존 산업의 부산물을 활용한 신소재 포장재를 개발했는데 이들 제품은 기존 플라스틱 제조시설에서도 생산이 가능해 신규 투자비용을 줄여준다.

미국의 디자인회사 크렘은 물병으로 썼던 호리병박을 컵 모양으로 재배하는 기술을 개발했다. 호리병박에 3D프린터로 찍어낸 투명 틀을 씌워 원하는 모양으로 자라게 하는 원리로, 이미 대량생산 기술도 확보했다. 인도네시아 벤처기업 에보웨어는 해초 성분으로 일회용 컵을 제조한다. 독일의 스타트업 카페폼은 커피 찌꺼기를 잘 말린 뒤 고분자 바이오폴리머와 목재 등을 섞어 컵을 만든다. 식기 세척기에 넣을 수 있고 반복 사용도 가능할 정도로 내구성도 훌륭하다.

한국에서도 친환경 시장에 도전장을 낸 스타트업이 있다. 현재 플라스틱 화장품 용기는 전 세계에서 연간 150억 병 이상 생산되고 있지만 재활용률이 9%에 불과해 환경오염의 심각한 원인이 되고 있다. 대부분의 화장품은 다수의 화학물질을 사용하기 때문에, 재활용을 위해서는 용기를 정밀하게 세척해야 한다. 하지만 유분이 많이 묻어있어 물로 세척이 어렵고 다른 재활용품까지 오염시킬 수 있어 재활용에서 제외하는 경우가 많다.

이 문제를 해결한 '이너보틀'은 2018년 2월에 설립된 친환경용기 관련 한국 스타트업이다. 실리콘 소재 탄성 파우치인 '이너셀'을 이용해 내용물을 남김없이 사용할 수 있으면서도, 환경까지 보호할 수 있는 패키징 솔루션을 개발해 현재 유수의 화장품 기업들과 협업하고 있다. 용기 내부에 이너셀을 넣어 용기 내 잔여물을 줄여 남김 없이 쓸 수 있게 한 점이 특징이다. 플라스틱 용기 안에서 풍선처럼 부풀어 오른 이너셀이 쪼그라들면서 내용물을 모아줘 용기 안에 남는 내용물을 최소화한다. 용기 내 잔여량이 25%까지 남는 기존 용기에 비해 잔여량을 2% 이내로 줄일 수 있다.

콘텐츠 스타트업들의
세계 시장 도전

K-Pop, 한류 등이 전 세계 문화에 영향을 미치고 있는 가운데 콘텐츠 스타트업들이 새로운 도약기를 맞이하고 있다. 게임에 치중 되어 있었던 관심도 애니메이션, 음악, 영상플랫폼 등으로 다양화 되고 있다. 또한 관련한 소셜 사업모델도 등장하고 있는데 상대적으로 기회가 없었던 인디장르의 문화콘텐츠 종사자들에게도 많은 기회가 있을 전망이다.

국내 스타트업 '해피업'이 제작하고 있는 국산 애니메이션 〈꼬미와 베베〉은 연간 130개의 만화 타이틀을 출판하는 미국 출판기업 '라이언 포지'로부터 제작 투자를 받았다. 동시에 미국에서 유아용 그림책으로도 곧 출시된다. 〈꼬미와 베베〉는 출판을 겸한 콘텐츠 배급이라는 새로운 채널을 개척한 최초의 사례가 되었고 주요 방송

채널에 방영될 것으로 기대된다. 〈꼬미와 베베〉는 2018년 EBS의 애니메이션 공동제작 프로젝트 공모를 통해 선정된 작품으로 한국에서는 2020년 3월부터 EBS를 통해 방송될 예정이다.

'셀바이뮤직'은 개방형 온라인 음악거래 플랫폼으로, 누구나 곡을 만들어 이곳에서 팔고 누구나 곡을 사서 음반도 낼 수 있다. 자신의 곡을 팔 곳을 찾는 작곡가나 마음에 드는 곡을 찾아 음반을 내고자 하는 가수는 셀바이뮤직을 찾으면 된다. 현재 장르별로 분류된 7,000여 곡의 데모곡이 올라와 있는데, 꾸준히 증가세를 보이고 있다. 셀바이뮤직은 실력 있는 작곡가에게 기회를 제공하고, 판매된 곡의 저작권 관리를 대행해준다. 또한 특별한 홍보 시스템을 운영하고 있다. 예를 들어 정식으로 음반을 발매하기 전, 셀바이뮤직에 먼저 올리면 회원들이 2주 동안 '좋아요' 투표를 진행하게 된다. 투표를 한 회원들은 그 가수지망생의 홍보 서포터즈가 되고, 그 대가로 발매 첫 달 음원 수익의 90%를 배분하게 된다.

나이비는 익명 기반 아티스트 공유 브랜드인 '어나니머스 아티스트'를 선보였다. 어나니머스 아티스트는 익명성과 함께 개별 아티스트가 보유한 인지도를 공유함으로써 대중 접근성을 높이는 새로운 음악 유통 플랫폼이다. 실력이 있으나 아직 대중에게 알려지지 않은 신진 가수를 선별해 하나의 이름으로 음원을 발매한다. 업계에서는 가수들이 정식으로 음원을 발매하기 전에 사운드클라우드, 유튜브 등의 소셜미디어 채널에 선공개하는 문화가 활발해지고 있다. 이미 영미권에서는 이 과정을 통해 빌보드에 올라갈 만큼 폭발적으로 성장한 뮤지션이 여럿 있다. 선별된 음원은 재킷 디자인과 마스터링 작업을 거쳐 디지털 싱글 앨범 형태로 제작, 어나니머스 아티스트라는 브랜드를 달고 대중에 소개된다.

한국에서는 지역별로 이러한 융합 콘텐츠 스타트업을 양성하는 프로그램이 활성화되어있다. 대표적인 예로 콘텐츠 스타트업을 모집하는 경기문화창조허브 스타트업 육성 프로그램 '경기스타트'가 있다. 경기스타트는 참신한 콘텐츠 융합 아이디어와 기술력 있는 ICT 융합 콘텐츠 스타트업을 발굴 및 육성하는 경기콘텐츠진흥원의 사업이다. 경기스타트에서는 창업 7년 미만의 경기도내 ICT 융합 콘텐츠 분야 기업을 모집해 우선 1차 서면평가로 50개의 기업을 선발했다. 이후 IR피칭 프리 트레이닝을 거친 후 2차 대면평가를 통해 총 25개 기업을 최종 선발했다. 경기스타트의 육성 기간은 6개월이었으며 선발된 기업에게는 공유 오피스 형태의 사무공간을 제공은 물론 약 융합 콘텐츠 사업을 위한 자금지원 및 각종 시설 인프라를 지원한다.

故 이민화 카이스트 교수의 가르침을 상기하자

2019년 7월, 나는 해외 출장 중 황망한 소식을 들었다. 이민화 카이스트 교수님이 돌아가신 것이다. 2012년에 나는 고인을 카이스트 캠퍼스에서 10년 만에 다시 만났을 때 호칭을 '회장님'에서 '교수님'으로 자연스럽게 바꿨다. 후배들의 기업가정신을 위해 모교로 돌아온 고인은 모든 학생들이나 후배 기업인들이 쉽게 다가오게 하기 위해 '교수님'이라 불리길 원했고, 더 배우고 싶었던 나는 그 이후에도 7년간 자주 '교수님'이라고 고인을 불렀다. 나처럼 고인을 찾은 사람들은 많았고, 고인은 늘 한결같은 또 변함없는 친절한 모습으로 그를 찾는 모든 기업인 후배들을 대해주었다. 후배 기업인들은 공감하겠지만 고인은 탁월한 기억력의 소유자였다. 몇 달 만에 만나도 고인과의 대화는 정확하게 헤어진 시점부터 시작할 수 있었다. 조건 없이 주는 고인의 가르침은 캄캄한 어둠 속에 방향을 잡을 수 있는 큰 별빛 같은 역할을 해주었다. 나는 카이스트 IPCEO 행사에서 마지막으로 고인과 대화를 나눴다. 고인은 투자 선순환 구조에 진입한 엑셀러레이터의 역할에 대해 조언을 해주었고, 스톡옵션의 장점을 우리사주조합과 비교해 경험적으로 설명해 주었다. 내게 있어서 이것이 고인의 마지막 멘토링이었다.

고인은 1985년 우리나라 벤처업계 1세대 기업 '메디슨'을 창업했다. 메디슨은 1985년 초음파 진단기를 개발한 의료기기 벤처기업으로, 의료 진단기 분야 사관학교로 불리며 의료진단 분야의 핵심 인력을 배출했다. 이후 메디슨은 삼성전자에 인수되어, 현재 삼성메디슨이 되었다. 1995년에는 벤처기업협회를 설립해 초대회장 이후 5년간 회장을 맡으며 벤처기업 육성을 위한 '벤처기업특별법' 제정에도 기여했다. 고인은 기업호민관으로 활동하며 중소기업의 애로사항 등을 법률적으로 해결하고 호민관의 독립성 필요를 강조하기도 했다. 2011년 한국디지털병원 수출사업협동조합 이사장, 2013년 사단법인 창조경제연구회 이사장을 맡았다.

고인은 돌아가신 해에 평소보다 더 많은 글을 SNS에 남겼다. 고인이 대한민국 사회에 남기고자 했던 조언은 크게 3가지로 요약된다. 첫 번째, 글로벌 가치사슬에 있어서 현명한 대처가 필요하다. 원론적으로 각국의 장점인 핵심역량을 연결하면 모두의 이익을 극대화할 수 있다. 예를 들어 중국은 IT완제품을, 한국은 부품인 반도체를, 일본은 원재료인 소재를 만들어 상호 협력하면 모두의 이익이 극대화된다. 사실상 3개국이 경쟁력이 없는 완제품, 부품, 소재까지 모두 만드는 것은 손해다. 고인은 미중 분쟁의 최대 수혜국을 한국으로 봐라봤다. 분쟁 이후 삼성전자는 5G 장비 수주 글로벌 1위로 올라섰고 CPU 라이선스와 OS 라이선스를 제공을 ARM사와 구글이 중지하면서, 중국이 타격받은 스마트폰 산업의 최대 수혜자도 한국이 되었다. 중국의 반도체 굴기가 좌절되면서 한국의 메모리 산업은 탄탄대로의 길이 열렸다. 그러나 한일 분쟁으로 천재일우의 기회를 놓칠 위기에 직면했고 최악의 경우에는 미국과 일본이 반도체 대국으로 재부상할 가능성도 예측했는데 이 시점에 한국이 글로벌 가치 사슬에서 노련하고 적극적인 대처가 필요함을 강조했다. 두 번째는 규제개혁과 4차 산업혁명의 방향성이다. 고인은 "한국에서 4차 산업혁명이 죽었다"라고까지 표현하며 타다 논쟁에 대한 안

타까움을 표현했다. 공유경제는 4차 산업혁명의 또 다른 이름이다. 공유를 통해 불필요한 비용을 줄이고, 새로운 혁신을 촉발해 사회적 가치창출과 가치분배를 선순환하는 것이 4차 산업혁명이 본질이다. 과거 오프라인 중심의 1,2차 산업혁명의 소유경제에서 공유지는 비극이었다. 그러나 3차 산업혁명이 만든 온라인 세계에서 공유지는 희극이 되면서 공유경제가 부상했다. 현재 5%에 불과한 공유경제는 O2O경제의 급속한 확대로 2030년이면 전 세계 경제의 절반을 초과하게 된다. 공유경제는 경제의 변방에서 주류 영역으로 부상한다는 의미다. 고인은 현재 규제개혁의 적극적인 노력이 10년 후 한국이 세계 경제에서 어떤 포지션을 차지하느냐를 결정한다고 역설했다.

세 번째, 혁신과 도전정신의 지속이다. 공유경제 도입에 따른 갈등이 곳곳에서 빚어지고 있다. 혁신에 성공하면 기존 산업이 파괴된다. 그러나 저부가가치 산업이 파괴되고 고부가가치 산업이 창출되는 과정에서 국가는 발전해 왔다는 것이 산업혁명의 역사임을 상기하자. 혁신은 성공의 갈등 속에서 사회를 발전시킨다. 혁신의 본질은 조지프 슘페터의 말대로 '창조적 파괴'다. 일자리 관점에서도 기존의 저 부가가치 일자리를 파괴하고 새로운 고 부가가치 일자리를 만드는 과정이다. 농업의 일자리를 파괴해 제조업을 만들고 단순 제조업을 파괴해 지식 서비스업을 만들면서 사회가 발전했다는 것이 산업혁명이 후 250년간의 역사적 교훈이다. 파괴를 두려워하면 혁신은 사라진다. 파괴를 두려워하지 않는 것이 바로 도전정신이다. 가장 대표적인 도전정신은 기업가정신이며 고인은 생전에 청소년들에게도 기업가정신을 가르치기 위해 카이스트 IPCEO 과정을 만드는데 중추적인 역할을 했다.

고인이 생전 마지막으로 2019년 7월 31일 SNS에 남긴 글은 다음과 같다. "낙산 해변에 쌍무지개가 떴네요. 앞 사진의 뒷편에 먹구름이 보이더니 소나기오고 등장한 쌍무지개랍니다." 현재 대한민국의 상황과 미래에 대해 마치 은유적으로 표현한 것 같다. 지금 "한국경제는 먹구름이 끼어있고 곧 소나기도 올 것이다. 하지만 이 위기가 지나가면 쌍 무지개가 등장하는 번영이 올 것이다"라는 예측으로 해석하며 고인을 기린다.

한국의 차세대
유니콘 후보들

전 세계 311개의 유니콘 기업 중 한국은 2019년 5월 야놀자의 합류로 7개의 유니콘을 배출했다. 미국이 151개, 중국이 85개 배출한 것에 비하면 매우 적은 숫자지만 대기업 중심의 경제구조에서 짧은 시간 내에 쿠팡, 블루홀, 옐로모바일, 우아한형제들, L&P 코스메틱, 비바리퍼블리카, 야놀자 등의 새로운 사업영역에서 배출된 점은 높은 미래 가능성을 암시하는 것이기도 하다. 이미 차기 유니콘 후보들도 각자의 가치를 키워가고 있는데 융합 콘텐츠 커머스 영역이 단연 강세다.

현재까지 유니콘 기업들은 대부분 O2O 및 관련 전자상거래 영역에서 배출되고 있다. 한국은 향후 딥테크 영역에서의 유니콘 배출이 절실하다. 크지 않은 한국 시장 내부에서의 O2O 영역은 한계가 있다. 전 세계를 대상으로 기술기반의 로열티를 받을 수 있는 영역에 대한 스타트업들이 많이 나와야 한다. 이러한 관점에서 연구실 창업이 더 활성화될 필요가 있다. 하지만 창업에 대한 경험이 없는 공학자나 과학자들에게 창업을 강요할 수는 없다. 결국 이들이 창업을 경쟁력 있게 할 수 있는 시스템이 필요하다. 이를 충족시키는 대표적인 아이디어가 현재 대전시 카이스트, 대전창조경제혁신센터와 투자기관이 새로 조성될 대전스타트업파크에서 함께 추진하는 펄셀사업이다. 창업가가 될 혁신가, 연구실의 인재들, 그리고 투자자를 매칭시켜주는 플랫폼이다. 이 플랫폼의 목적은 바로 딥테크 유니콘의 배출이다. 이런 노력들이 모여 한국에서 딥테크 유니콘이 나오길 기대해본다.

K-컬처 스타트업 중에서도 유니콘이 충분히 나올 수 있을 것이다. 나는 2019년 부산 벡스코에서 열린 '2019 한-아세안 문화혁신포럼'에 K-컬처 스타트업 투자자로 참석했다. 문재인 대통령의 기조 발언에서 "아세안과 한국이 만나면 아세안의 문화는 곧 세계문화가 될 수 있다"며 세계 시장을 향한 K-컬처의 경쟁력을 피력했다. 이어진 빅히트 엔터테인먼트 방시혁 대표는 방탄소년단의 성공 비결로 유튜브 플랫폼의 활용을 꼽았고, 경쟁력을 가진 콘텐츠 산업

의 새로운 ICT 기술적 환경에서 파괴적 힘에 대해 발표했다. 이어 연사로 등장한 리드 헤이스팅스 넷플릭스 CEO는 넷플릭스가 미국 내 콘텐츠만으로는 성장이 어렵다는 판단 아래, 한국을 중심으로 한 아시아 콘텐츠들과의 제휴가 시장 확대의 성공 요인이라고 밝혔다. 포럼을 통해 내가 다시 한번 확신한 것은 K-컬처 스타트업들이 글로벌 시장을 겨냥하면 유니콘 후보군이 될 수 있다는 것이다.

포럼 중간에는 K-Pop의 빅데이터 분석 화면이 많이 등장했는데, 바로 K-Pop 한터차트를 운영하는 한터 글로벌의 빅데이터 분석 솔루션이었다. 한터 글로벌은 K-컬처의 글로벌 강세에 편승해 새로운 유니콘 후보로 주목받고 있다. 후즈팬 애플리케이션을 통해 K팝 시장에 혁신을 가져오고 있기도 하다. 후즈팬은 'K팝 팬덤을 기반에 둔 플랫폼'으로 전 세계 K팝 팬들이 커뮤니티 활동을 펼침과 동시에 뉴스, 음악, 영상, 차트, 앨범 구매 인증 등 한터차트의 다양한 서비스 즐길 수 있도록 만들어졌다.

또 다른 유니콘 후보는 글림미디어다. 글림미디어의 스타패스는 2018년 5월, K-POP 팬들에게 "타임스퀘어에 도전하라"는 메시지를 띄우며 서비스를 시작했다. 수많은 아이돌 멤버 가운데 개인 랭킹 1위를 차지한 사람을 매주 한번, 미국 뉴욕 타임스퀘어 전광판에 띄워준다는 약속은 팬덤을 자극하기에 충분했다. 사용자는 전 세계 165개국에 퍼져있고, 80만 명에 가까운 사용자의 60%는 해외 K-컬처 마니아들이다. 또, 글림미디어는 스타플레이라는 서비스를 새로 출범시켰다. 스타플레이에는 스타들의 팬덤들의 적극적인 투표 참여뿐만 아니라 관련 팬덤 서비스가 추가되었다. 출시 첫 날부터 10만 명의 사람들이 몰렸고, 투표 마지막 날이었던 29일에는 최종 투표수 8,200만 표로 마감되어 다시 한번 팬덤 시장에서의 영향력을 증명했다.

세 번째 유니콘 후보는 해피업이다. 해피업은 현재 캐릭터 애니메이션인 〈꼬미와 베베〉를 개발했다. 오는 2020년 3월 EBS를 통해 선보일 예정이며, 한국 TV애니메이션 사상 최초로 미국 진출이 확정되었다. 해피업의 핵심 경쟁력은 인공적 느낌의 3D 애니메이션이 아닌 영유아들이 보던 그림책 그대로 2D 이미지가 살아 움직이는 느낌으로 제작하고 있어 더욱 동화 같은 느낌을 준다.

마지막으로 한류에서 빼놓을 수 없는 분야는 음식, 즉 K-푸드다. 이미 관련 콘텐츠로도 삼시세끼와 같은 방송은 전 세계적으로도 유명하다. 한국음식의 다양성과 관련 문화는 유튜브 채널을 통해 급속히 퍼져나가고 있다. 이런 흐름을 잘 활용하고 있는 K-푸드의 유니콘 후보로는 쿠캣이 꼽힌다. 쿠캣의 콘텐츠는 이미 홍콩, 베트남 등에서 유명세를 타고 있고 관련 성장세를 타고 2019년 매출 180억 원이 가능해 보인다.

스타트업 가이드 7

초판 인쇄	2020년 1월 20일
초판 발행	2020년 2월 3일
지은이	전화성
펴낸이	김승욱
편집	김승욱 심재헌
디자인	김선미
마케팅	송승헌 이지민
온라인마케팅	김희숙 김상만 오혜림 지문희 우상희
제작	강신은 김동욱 임현식
관리	윤영지
펴낸곳	이콘출판(주)
출판등록	2003년 3월 12일 제406-2003-059호
주소	10881 경기도 파주시 회동길 455-3
전자우편	book@econbook.com
전화	031-8071-8677
팩스	031-8071-8672
ISBN	979-11-89318-17-8 03320

*이 도서의 국립중앙도서관 출판시도서목록(CIP)은 e-CIP 홈페이지(http://www.nl.go.kr/cip.php)에서
 이용하실 수 있습니다.(CIP제어번호: CIP 2020001757)